WOHNEN UND LEBEN IN ORDNUNG

Familienalltag stressfrei organisieren

LILLY KOSLOWSKY

von @stilles_bunt

CV

hay
IGHT
SABI WELCOME

Taverna
EAT DRINK NAP

KINFOLK

Inhalt

„Buy less,

Choose well,

Make it last.“

Vivienne Westwood

THE
KINFOLK

Vorwort

Hej, mein Name ist Lilly Koslowsky und ich lebe und liebe Ordnung in Kombination mit schönem nordischem Interieur. Ich bin überzeugt davon, dass jeder Mensch an irgendeinem Punkt in seinem Leben mit Unordnung konfrontiert ist, was oft in Überforderung mündet. Glaube mir, ich kenne das Gefühl selbst sehr gut! Denn ich verrate dir gleich zu Beginn ein Geheimnis: Ich bin eigentlich nicht immer ein perfekt ordentlicher Mensch, liebe aber Ordnung und aufgeräumte Wohnräume. Die gute Nachricht: Ich habe für mich ein System gefunden, Prioritäten zu setzen, eine Grundordnung herzustellen und unser (Familien-)Leben zu entstressen.

Schon als Jugendliche habe ich in meinem Kinderzimmer regelmäßig Möbel verschoben und umdekoriert. Schreibtisch von hier nach da, Bücher rauf, Kommode rüber. Heute weiß ich, dass ich damals bereits den inneren Drang hatte, die bestmögliche Variante der mir zur Verfügung stehenden Dinge zu finden. Das Optimum rauszuholen aus dem, was da ist, aus der vorhandenen Wohnfläche. Die Suche nach der besten Möglichkeit, bestehenden Platz zu nutzen, hat mich also schon in meinem Kinderzimmer beschäftigt. Frag ruhig meine Mutter – sie erinnert sich noch gut, dass sie ständig das Geräusch von über den Boden rutschenden Möbeln aus dem oberen Stockwerk vernommen hat. Was mit Möbelrücken begann, stellte sich später als viel mehr heraus: Meine Leidenschaft für schönes Wohnen gepaart mit Ordnung habe ich heute zu meinem Beruf gemacht.

Mittlerweile bin ich selbst Mutter und weiß um die täglichen Herausforderungen in puncto Ordnung & Co. Ich habe gelernt, dass es ganz oft vom Wohlfühlgefühl zu Hause abhängt, wie homogen der (Familien-)Alltag läuft. Oder auch wie stressig der Morgen sein kann, wie anstrengend und ermüdend es ist, wenn man immer wieder dieselben Unordnungsherde beseitigen muss. In einer Wohngemeinschaft wie zum Beispiel einer Familie treffen unterschiedliche Bedürfnisse und Typen aufeinander. Dem einen fällt es von Grund auf leichter, Ordnung zu halten, dem anderen schwerer. Hinzu kommt, dass jeder Mensch eine andere Vorstellung von Ordnung hat. Den gemeinsamen Nenner zu finden – das ist die große Herausforderung!

Perfekt wird überbewertet

Seit mehreren Jahren teile ich nun schon mit meinen Blog-Lesern auf stillesbunt.at und auf meinem Instagram-Account @stilles_bunt meine praktischen Tipps, Systeme, Routinen und Abläufe für Wohnen und Leben in Ordnung. Der Alltag hält genug Herausforderungen bereit – unser Zuhause soll es uns möglichst einfach machen, diese zu meistern. Ich bin davon überzeugt, dass es leicht gehen darf! In diesem Buch möchte ich mit dir mein persönliches System teilen, das uns als Familie nicht nur zu einer gewissen Grundordnung verholfen hat, sondern auch den Alltag stressärmer, befreiter und homogener gestaltet. Aber lass dich nicht täuschen! Du wirst nie unser komplettes Zuhause exakt so vorfinden, wie es häufig auf Bildern für Shootings, Blog-Beiträge oder Instagram-Posts aussieht. Das wäre Utopie und ich bin eine klare Verfechterin des Grundsatzes „Perfekt wird überbewertet“. Denn mal ehrlich: Welche Familie wohnt – nein lebt (!) – so durchgestylt wie im Hochglanz-Einrichtungsmagazin?

Ich glaube, du kannst dir vorstellen, dass für Fotoshootings ganz oft Dinge von A nach B geschoben werden und dann wieder zurück. Das ist total okay und so ist nun mal das Leben. Jetzt kommt das große Aber: Ordnung hat viel weniger mit perfekten Interieurszenen zu tun als vielmehr mit einem Grundsystem, einer Methode, die es ermöglicht, in den eigenen vier Wänden zu leben und sie zu genießen, ohne gefühlt ständig aufräumen zu müssen. Das ist Entlastung. Das ist es, was ein Zuhause zum Wohlfühlort macht.

Warum Ordnungssysteme?

Mit diesem Buch gebe ich dir meine Erfahrungen und Learnings, meine Vorstellung von praktisch gelebtem Minimalismus und meine Version unseres Nordic Family Home mit. Denn ich wünsche mir für dich, dass du dein Zuhause ebenso liebst wie ich unseres.

Unordnung, unaufgeräumte Räume und herumliegender „Kram" – das sind für so ziemlich jeden erhebliche Stressfaktoren. Ganz unabhängig davon, wie oder wo man wohnt. Wie stark sich dieses Unwohlsein auf das gesamte Befinden auswirken kann, habe ich selbst erlebt. Mein Schlüsselerlebnis war zu Beginn der Pandemie 2020. Wie für die meisten Menschen war die Zeit der Lockdowns auch für meine Familie und mich ein sehr einschneidendes Ereignis. Durch die Pandemie waren wir alle plötzlich fast ausschließlich daheim. Viele von uns haben ihren Wohnraum erstmals bewusster wahrgenommen. Haben sich außerdem mehr mit diesem auseinandergesetzt. Mir fiel auf einmal in aller Deutlichkeit auf, wo und wie zu Hause Ordnung herrscht, was Unordnungsherde sind, wo Prozesse und Abläufe im Familienalltag vielleicht nicht so ideal sind. Wo man noch optimieren kann. Der Ausmist- und Aufräumtrend war geboren und gefühlt war die ganze Welt im „Declutter-Fieber". Völlig verständlich, denn wir wollten uns alle unsere vier Wände, in denen sich nun unser kompletter Tag abspielte, schöner, wohnlicher, funktionaler gestalten. Doch was passiert, wenn man sich hoch motiviert von Ausmist-Aktion zu Ausmist-Aktion durchhangelt, nur um dann festzustellen, dass trotzdem noch Unordnung herrscht? Man ist frustriert und findet sich irgendwie nicht mehr zurecht.

Das zu umgehen, ist meine Mission, dir zu zeigen, dass deine Wohnung/dein Haus Ordnungssysteme braucht, die zu deiner Lebensweise passen, deiner Kreativität Raum geben und dein Interieur zum optimalen Mix aus Funktion und Styling machen. Denn ich bin davon überzeugt, dass funktionierende Ordnungssysteme deine vier Wände zu dem Ort machen, an dem du ankommen darfst – an dem du wirklich zu Hause bist.

THE KINFOLK TABLE

THE
KINFOLK
ENTREPRENEUR

MEINE METHODE

„Stress entsteht oft
durch mangelnde Systeme,
mangelnde Ordnung.
Wo klare Strukturen fehlen
und Routinen nicht etabliert sind,
wird gefühlt immer aufgeräumt.“

Motivation: Finde dein „Warum"!

Ordnung ist eigentlich ein klarer Begriff, nicht wahr? Jeder von uns hat ein Bild im Kopf, wenn es um dieses Thema geht. Dennoch scheint es so, dass einige Menschen die geborenen Ordnungsspezialisten sind und andere wiederum ständig mit dem Chaos in ihrem Zuhause (und Leben) kämpfen. Doch was, wenn ich behaupte, dass absolut jeder Klarheit, Fokus und ein ordentliches Zuhause erreichen kann? Was ich damit sagen möchte, ist Folgendes: Ich glaube, dass man die Menschen nicht einfach nur in ordentliche und unordentliche unterteilen kann. Denn jeder trägt in sich diesen Wunsch, seinen Wohnraum optimal zu gestalten. Dieses Optimum kann natürlich komplett unterschiedlich aussehen. Nicht alle sind Asketen, manche brauchen viel, andere weniger. Es kommt auf das „Warum" an, auf den Fokus.

Dein „Warum" in typischen Situationen suchen

Können wir es auch anders formulieren? Frage dich, wie wichtig dir Ordnung ist. Warum möchtest du mehr Ordnung zu Hause haben? Vielleicht wünschst du dir mehr Zeit, mehr Klarheit ... Wenn du dein „Warum" gefunden hast, wird es dir leichter fallen, Ordnung zu halten. Ich habe ein paar Beispiele für typische Situationen, die dir vielleicht bekannt vorkommen und dir dabei helfen, dein ganz persönliches „Warum" – also warum Ordnung? – zu finden.

Der Spontanbesuch

Spontan kündigt sich Besuch an und du fühlst dich durch die herrschende Unordnung gestresst. Also erst mal in Windeseile aufräumen. Stress pur statt Vorfreude auf den netten Besuch.

Der „Mount Everest"

Immer wieder freitags dieselbe Situation: Du stehst in einem Raum und siehst rund um dich überall Dinge, die du aufräumen „solltest". Alles hat sich mal wieder über die Woche angestaut und ist zu einem schier unbezwingbaren Mount Everest der Unordnung geworden.

Die Anarchie der Dinge

Vielleicht kennst du diese Situation: Überall sind diese kleinen (oder größeren) Ansammlungen von Stapeln, Häufchen, Sachen, die keinen festen Platz haben und sich ansammeln. Stapel werden von A nach B getragen. Kündigt sich Besuch an, werden diese Stapel schnell versteckt, denn wer hat schon Zeit, sich ausgerechnet jetzt damit zu befassen, das alles wegzuräumen? Was dieses Beispiel zeigt:

1. Du verbringst ständig viel Zeit damit, angesammelte Unordnung herumzuräumen, statt die Unordnung zu beseitigen. Das ist verschwendete Zeit.

2. Diese Dinge rauben dir Energie, sie haben die Kontrolle über dich statt umgekehrt. Ich nenne das die „Anarchie der Dinge". Denn Anarchie bedeutet nichts anderes als ein „Zustand der Gesetzlosigkeit". Wenn es keine klaren Regeln gibt, wo was hingehört, herrscht Chaos. Mit anderen Worten: Wenn die Gegenstände, die du besitzt, keinen festen Platz haben, werden sie dich immer nerven, weil sie dauernd herumliegen.

Der Überblick fehlt
Wenn ich dich jetzt fragen würde: „Wie viele Vasen/T-Shirts/Paar Schuhe ... besitzt du?", könntest du die Frage beantworten? Keine Sorge, es ist natürlich nicht schlimm, wenn du diese Frage nicht eindeutig beantworten kannst. Das Problem ist nur: Häufig entsteht durch fehlende Ordnung nicht bloß eine Art Anarchie der Dinge. Wir verlieren auch den Überblick über das, was wir haben, und kaufen demnach oft sogar doppelt, tätigen Impulskäufe.

MACH DEN SELBSTTEST!

Nimm dir einen Zettel und einen Stift zur Hand und notiere dein „Warum":

- ➜ Warum möchtest du mehr Ordnung und ein klareres Zuhause haben?
- ➜ Wie wird es sich anfühlen, wenn du diese Veränderungen umsetzt?
- ➜ Was willst du nicht mehr in deinem Leben/deinem Zuhause haben?
- ➜ Wovon möchtest du mehr in deinem Leben/deinem Zuhause sehen?

Ich bin eigentlich gar nicht so ordentlich!

An meinem eigenen Beispiel möchte ich dir einen Weg aus all dem Vorgenannten zeigen. Eingangs habe ich es bereits erwähnt: dass ich eigentlich eine kleine Chaotin bin, dass mir NICHT alles perfekt gelingt und es bei Gott bei uns zu Hause NICHT IMMER perfekt wie im Einrichtungsmagazin aussieht. Das klingt irgendwie merkwürdig in einem Buch über Ordnung, nicht wahr? Und du wunderst dich jetzt vielleicht: „Lilly, die Organizerin, ist nicht ordentlich?" Was ich damit meine, ist, dass ich nicht von Grund auf ordentlich bin – aber ich bin es mittlerweile geworden bzw. weiß, wie ich es schaffe, meine Vorstellung von einer Grundordnung zu Hause in der Praxis umzusetzen. Doch das war ein Prozess! Versteh mich nicht falsch, natürlich liebe ich Ordnung und aufgeräumte Räume, aber es gibt einen ganz entscheidenden Unterschied zwischen etwas zu wollen und etwas zu haben. Und während ich zwar vom Grundtypus her definitiv die Planerin und Organisiererin bin, fiel mir die Umsetzung früher oft sehr viel schwerer.

Chaos und Ordnung müssen allerdings gar kein Widerspruch sein. Tatsächlich brauche ich das Chaos zum Teil für kreative Entstehungsprozesse. Chaos und Kreativität kann man nicht einsperren oder in Systeme zwängen. Aber: Ich persönlich kann mich einfach wesentlich leichter und entstresster in kreative Prozesse fallen lassen, wenn ich weiß, dass rund um mich nicht zig Papierstapel einsortiert werden müssen oder das dreckige Geschirr auf mich wartet. Vielleicht kennst du das ja auch.

Wie ebenfalls schon gesagt, glaube ich nicht daran, dass man Menschen per se in ordentliche und unordentliche einteilen kann. Natürlich haben wir alle unsere Tendenzen, Dinge, die uns mehr oder weniger liegen. Und bestimmt brauchen Menschen, die vom Grundtyp her perfektionistisch oder sehr ordentlich sind, nicht ganz so viel Unterstützung dabei, ihr Zuhause in Ordnung zu halten, aufzuräumen oder zu organisieren. Aber ich möchte allen Mut machen, die denken, sie werden es niemals schaffen, sich von unnötigem Ballast zu befreien und Klarheit zu erlangen. Deshalb erzähle ich dir hier von meinen eigenen Problemen und im Folgenden, wie ich sie gelöst habe – und auch du die deinen möglichst einfach lösen kannst.

Was hat mir geholfen, von Unordnung zu Ordnung zu kommen?

Ganz klare Antwort: Gute Systeme! Ohne meine Ordnungssysteme, Listen und Routinen würde es mir wirklich sehr schwerfallen oder gar unmöglich sein, neben Job und Familie zu Hause (und in meinem Kopf) eine gewisse Grundordnung zu halten.

Meine Tipps für Menschen, die sich wünschen, ordentlicher zu werden? Oft ist es kein so großer Schritt, wenn man erst mal die nötigen Systeme laufen hat. Um diese Systeme am Leben zu erhalten, kann zum Beispiel eine (Familien-)Kommandozentrale helfen. Ein anderes Beispiel ist der Haushaltsplan. Was vielleicht nach einem sehr angestaubten Oma-Wort (sorry, Oma) klingt, ist mittlerweile zu einem fixen Bestandteil der täglichen Ordnungsroutine vieler Menschen und nicht

nur zeitgemäßer, sondern auch nötiger denn je geworden. Wie wir unseren Haushaltsplan eingeteilt haben und welches System dahintersteckt, damit immer eine gewisse Grundordnung zu Hause herrscht, das erkläre ich dir in Kapitel 7 („Der Haushaltsplan“, siehe Seite 56).

Du denkst jetzt vielleicht: „Alles gut und schön, aber wie soll ich das alles in meinen eh schon stressigen Alltag integrieren? Noch ein weiteres To-do, das ich erledigen muss?“ Dazu gebe ich dir zwei Grundsätze an die Hand, an die ich glaube:

1. Organisation ist der Schlüssel zu mehr Zeit und Freiheit.

2. Ich muss nicht immer alles schaffen, wichtiger ist, die für mich richtigen Momente bestmöglich zu nutzen.

Was meine ich damit? Der erste Grundsatz ist wichtig, denn er ist wirklich ein Schlüssel. Das Leben ist nun mal kein Hochglanzmagazin, aus dem ständig glückliche Familien lächeln. Nein, keineswegs. Das Leben, der Alltag hält einfach jeden Tag viele Herausforderungen für uns bereit. Umso notwendiger ist ein sicherer Wohlfühlort, unser Zuhause, das uns den Raum gibt, so zu leben, wie wir es wirklich möchten. Wenn dieser Raum überfüllt oder mit den falschen Dingen gefüllt ist, Unordnung uns behindert, dann kann das sehr frustrierend sein. Gute Ordnungssysteme schaffen dagegen die Basis für einen unaufgeregten Wohnraum, der es leicht macht, den Herausforderungen des Alltags zu begegnen. Wenn wir uns von Stressfaktoren, die Unordnung oft mit sich bringt, trennen, befreit das ungemein.

Der zweite Grundsatz ist ziemlich selbsterklärend, dennoch ist er ein wichtiger Reminder, den wir alle ab und zu gut brauchen können. Vor allem dann, wenn wir das Gefühl haben, „nichts“ zu schaffen. Ich möchte dahingehend in diesem Buch ein paar praktische „Momente-Geber“ für den Alltag mit dir teilen. Meine Lieblingsrezepte zum Beispiel, die immer schnell und unkompliziert gemacht sind und so ein kleiner „Quick Win“ sind! Gewinnmomente, die dir ein Lächeln ins Gesicht zaubern, weil du etwas richtig Leckeres für dich und deine Lieben zubereitet hast, ohne stundenlang in der Küche stehen zu müssen.

Vielleicht hast du zwar schon das eine oder andere Aufräum- oder Ordnungsbuch gelesen. Doch mir ist es einfach wichtig, dir nicht nur Theorien, sondern auch praktische Alltagshelfer mitgeben zu können. Darum hoffe ich, dass du dir hier bei mir zu den Ordnungs- und Organisationstipps dazu das stilles-bunt-Lebensgefühl mit nach Hause nehmen kannst.

ALIEN
DAN BROWN

KitchenAid
NOPI
EAT DRINK NAP

Praktischer Minimalismus & Ordnung

Schön wohnen – was bedeutet das eigentlich? Wie funktioniert das in der Praxis? Ist das überhaupt alltagstauglich? Die Vorstellung von „schönem Wohnen" ist mit Sicherheit eine sehr individuelle Angelegenheit. Für mich – und ich glaube, das kann auch dir weiterhelfen – ist die Basis für „schönes Wohnen" eine gewisse Grundordnung, gepaart mit Achtsamkeit und praktischem Minimalismus. Dabei klingt Ordnung oftmals so, als würde jemand mit erhobenem Zeigefinger dastehen, nicht wahr? Ich finde aber, dass dieser Begriff auf gar keinen Fall als einengend oder gar beurteilend verstanden werden darf. Vielmehr können wir uns idealerweise Ordnungssysteme, Routinen und Strukturen ganz einfach zunutze machen, um den Alltag sowie seine Abläufe zu entstressen.

Wer dauerhaft Ordnung und Klarheit in seinem Zuhause möchte, sollte diese beiden Begriffe auch in sein Leben lassen. Dazu möchte ich dir zeigen, warum ich mich selbst als „Minimalistin in Progress" bezeichnen möchte und was das mit dem Thema Leben und Wohnen in Ordnung zu tun hat. Denn Minimalismus ist nicht unbedingt nur eine Kunstform oder ein Wohnstil – es ist eine Lebenseinstellung. Ich arbeite seit ein paar Jahren laufend daran, diese Lebenseinstellung in der Praxis umzusetzen.

Meine Version von Minimalismus

Der Begriff Minimalismus wird, wie ich finde, sehr oft missverstanden. Viele denken dabei an kahle, kühle, leere Räume oder haben Angst, sie müssen sich von all ihrem Hab und Gut trennen, wenn sie Minimalisten werden wollen. Das kann absolut zutreffen. Mein Verständnis von Minimalismus ist allerdings, das Bestreben, den Fokus auf das Wesentliche zu lenken. Das können für jeden von uns andere Dinge oder Bereiche sein und es hat nichts damit zu tun, ob man komplett in Schwarz-Weiß eingerichtet ist oder nur drei T-Shirts besitzt. Minimalismus ist vielmehr eine Art zu leben, die uns hilft, uns auf die uns wichtigen Dinge zu konzentrie-

ren, das zu besitzen, was wir wirklich brauchen und verwenden. Meine Vorstellung von Minimalismus ist kein leerer weißer Wohnraum, sondern eine Weiterentwicklung und Individualisierung dieses Begriffs. Ich finde nicht, dass es darum geht, möglichst viel wegzunehmen, sondern mich ganz bewusst für genau jene Gegenstände zu entscheiden, die ich in meinem Leben und in meinem Zuhause haben möchte. Wenn du dir diesen Gedanken mitnehmen möchtest und dich auf einen Mindset Shift einlässt, glaube ich, dass das dein Zuhause und dein Leben sehr bereichern kann. Für mich und viele meiner Blog-Leser jedenfalls war ein Mindset Shift ein wirklich essenzieller Baustein auf dem Weg zu (mehr) Ordnung.

Meine Version von Minimalismus ist außerdem eine Einladung zu achtsamem Umgang mit dem eigenen Konsumverhalten. Ich glaube nämlich, dass wir alle von gewissen Dingen einfach mehr besitzen, als wir wirklich brauchen, und dass wir oft durch Belohnungskäufe oder Impulse Buys lediglich unser Zuhause mit Gegenständen füllen, statt uns bewusst für das eine Richtige zu entscheiden. Frage dich einmal: Wie viele unterschiedliche Servierplatten brauche und nutze ich wirklich? Warum besitze ich so viele Stoffservietten und finde doch nie das eine Set, das ich suche? In diesem Buch möchte ich dir helfen, diese Fragen zu beantworten und ein wenig mehr Leichtigkeit in dein Zuhause zu bringen. Aber keine Sorge: Du musst dich nicht von all deinen Lieblingsdingen trennen. Die stilles-bunt-Version von Minimalismus begrüßt Gemütlichkeit, wohnliche Atmosphäre und das skandinavische Hygge-Feeling.

Ich zum Beispiel liebe schöne Keramik und bedingt durch meinen Beruf als Interieur-Bloggerin besitze ich natürlich vielleicht ein paar mehr Stücke als andere Menschen. Mein Zitat „Man kann nie genug Tassen im Schrank haben!" ist auf Instagram bereits ein geflügelter Ausdruck. Du siehst also, ich bin auch nicht perfekt und habe eine Schwäche für Kaffeetassen. Für Fotoshootings, Auftragsarbeiten und dergleichen benötigt man als Fotografin und Creator außerdem immer eine gewisse Menge an „Props", sprich Set-Deko. Gerade deshalb ist es mir besonders wichtig, dass ich in meinem Alltag nicht wahl- und planlos ansammle, sondern sehr bewusst wähle, was in unser Zuhause einziehen darf.

Was das alles mit Ordnung zu tun hat? Nun, das ist ganz einfach:

Wer weniger besitzt,
➜ muss auch weniger instand halten,
➜ muss weniger aufräumen,
➜ muss weniger putzen.

Mindset Shift

Die Frage ist also nicht „Was hat Minimalismus mit Ordnung zu tun?", sondern „Wie kann ich die Grundsätze des Minimalismus für mich und meinen Weg zu mehr Ordnung und Klarheit zu Hause nutzen?". Vorher habe ich bereits von einem Mindset Shift gesprochen, also von einem Umdenken, einem Wechsel der Grundeinstellung. Das ist weniger aufwendig, als du jetzt vielleicht denkst. Im Grunde geht es darum anzuerkennen, wie sehr sich deine Lebensqualität verbessern kann, wenn du meine praktische Version von Minimalismus und Ordnung für dich umsetzt. Du erinnerst dich bestimmt, dass wir zu Beginn dieses Buches über dein „Warum" („Motivation: Finde dein ‚Warum'!", siehe Seite 21) gesprochen haben. Wenn du dein „Warum" kennst und weißt, wie sich deine Lebensqualität durch ein paar neue Routinen verbessern wird, ist der erste Schritt schon getan.

Klare Optik

Ich möchte dir in diesem Buch praktische Tipps mitgeben, wie du statt Stress und „Daueraufräu-

men“ mehr Klarheit und Organisation in deinen Alltag und dein Zuhause bringen kannst. Für mich bedeutet das neben dem richtigen Mindset auch eine klare Optik. Selbst wenn es zahlreiche verschiedene Einrichtungsstile gibt: Ich finde, wenn es ums Interieur geht, verströmt eine Kombination aus dem nordischen Stil mit vielen natürlichen Einflüssen am meisten Ruhe und Wohnlichkeit. Nach genau diesem Prinzip habe ich unser Zuhause eingerichtet und gestaltet. Doch ganz gleich, welchen Einrichtungsstil du persönlich bevorzugst: Ich bin der festen Überzeugung, dass meine Anregungen und Systeme auch dir als Inspiration dienen können, um den Fokus auf das zu finden, was dir wirklich wichtig ist.

DIE TOP 3 DER ORDNUNG

- Minimalismus bedeutet nicht notwendigerweise ein Wegnehmen von Dingen, sondern den Fokus auf und die bewusste Entscheidung für die für mich passenden Gegenstände.
- Wer weniger besitzt, muss weniger instand halten, aufräumen und putzen.
- Wenn du dein „Warum“ kennst, gelingt es dir leichter, durch einen Mindset Shift neue Routinen zu etablieren und letztendlich dein individuelles Ordnungsziel zu erreichen.

Unordnung: Stressfallen im Familienalltag

Stress entsteht oft durch mangelnde Systeme/mangelnde Ordnung – wenn klare Strukturen fehlen und Routinen nicht etabliert sind. Ich gebe dir hier ein paar Beispiele für Alltagssituationen, die meist durch fehlende Systeme zur Stressfalle werden – und die Ursachenfindung dazu.

Situation 1

Morgens wird es immer knapp oder es herrscht einfach eine allgemeine Unruhe, weil eines der Kinder „wieder mal seine Trinkflasche/Schlüssel/Mütze etc." sucht.

➜ **DIE URSACHE:** Die Dinge haben kein Zuhause/keinen festen Platz.

Situation 2

Immer wieder kommt es zum Anzieh-Drama am Morgen. In Windeseile werden Sportsachen gesucht oder das Lieblingsshirt, das leider in der Wäsche liegt. Stress vorprogrammiert.

➜ **DIE URSACHE:** Das Outfit für den Tag war einfach noch nicht vorbereitet.

Situation 3

Du bist ständig unter Strom und hast das Gefühl, alles wird zu viel. Der Haushalt, die Wäsche, die Unordnung – immer liegt irgendwas rum, gefühlt ständig bist du am Aufräumen. Kaffee ist dein bester Freund und du fühlst dich, als würdest du dir selbst hinterherlaufen.

➜ **DIE URSACHE:** Es fehlt das Grundordnungssystem in deinem Zuhause oder das bestehende System funktioniert nicht, weil es nicht zur Routine geworden ist.

Vielleicht kennst du diese Situationen auch von deiner Familie oder von dir selbst. Es sind wirklich ganz oft die einfachen, kleinen Dinge, die, wenn sie sich summieren, zur Stressfalle werden oder umgekehrt den Tag retten können. Das sind auch tatsächlich genau die Punkte, die den Unterschied machen zwischen „ständig machen müssen" und „Auf den Küchentresen hüpfen und ein Buch lesen"-Pausen. Ja, das ist übrigens wirklich einer meiner Lieblingsplätze: Auf der Küchenarbeits-

platte kann man hervorragend Pause machen, alles aus einem etwas anderen Blickwinkel betrachten. Probier es mal aus!

Sätze, die dein Zuhause unordentlich machen

Doch wie kannst du nun solche Unordnungsherde vermeiden? Ich stelle dir im Folgenden praktische Lösungen vor. Um es noch ein bisschen besser zu verdeutlichen, habe ich dir dazu ganz typische Sätze mitgebracht, die dein Zuhause unordentlich machen und/oder dich davon abhalten, dauerhaft Ordnung zu halten, weil sie alte Gewohnheiten bedienen. Standardsätze, die wir uns immer wieder sagen, wenn es ums Aufräumen geht. Sie ziehen sich wie ein Kaugummi durch den Tagesverlauf. Vielleicht findest du dich in einem oder mehreren Sätzen wieder. Du bist damit nicht allein, keine Sorge! Hauptsache ist erst mal, du erkennst Parallelen zu dir – und Erkenntnis ist ja bekanntlich der erste Weg zur „Besserung" oder nennen wir es mal eher zur Entwicklung.

Soll ich dir ein Geheimnis verraten? Hinter jedem dieser Sätze steckt eigentlich nur eine Gewohnheit, die du durch neue Routinen ersetzen kannst. Warum Routinen so wichtig sind – ich bin sicher, nicht nur für mich – und was sie mit Ordnung zu tun haben, dazu kommen wir jetzt.

1

„Das räum ich später weg."

Das kennt doch jeder: Dinge liegen herum oder wir haben viele unterschiedliche Wege am Tag und dabei bleibt einiges an Ort und Stelle geparkt. Die Kaffeetasse, das Taschentuch, die Zeitschrift, die Verpackung vom Schokoriegel ... Alle diese einzelnen Dinge summieren sich und bedeuten später viel mehr Zeit, um wieder aufzuräumen.

STATTDESSEN

Wenn etwas rumliegt, räume es gleich an seinen Platz zurück! Das spart langfristig Zeit! Stichwort „an seinen Platz zurück" – damit kommen wir gleich zum zweiten Satz, den ich immer wieder höre und der ein klassischer Ordnungsverhinderer ist.

2

„Ich weiß nicht, wohin damit!"

Wenn die Dinge in deinem Leben kein Zuhause haben, wird es für alle Beteiligten sehr schwierig sein, dauerhaft Ordnung zu halten. Denn ohne einen festen Platz „fliegen" und liegen Dokumente, Post, Batterien & Co. immer herum, werden von A nach B getragen und sorgen für Unordnung in den vier Wänden.

STATTDESSEN

Alle Dinge brauchen einen fixen Platz, ein Zuhause! Schaffe also diesen Platz/dieses Zuhause. Damit hilfst du jedem Familienmitglied, Ordnung zu halten.

3

„Das brauche ich später bestimmt irgendwann noch."

Kennen wir alle, oder? Diese eine Skinny Jeans von früher, der dritte Outdoor-Rucksack, das 17. Paar weiße Sneakers. Frage dich, ob du diese Dinge jetzt nutzen würdest und wofür. Wenn du keine direkte Antwort darauf hast, dann wird sich das vermutlich auch nicht in ein paar Monaten ändern. Ich habe tatsächlich noch nie etwas ausgemistet, das ich später wirklich dringend wieder benötigt hätte.

STATTDESSEN

Dinge für später aufzuheben, schiebt eigentlich nur eine wichtige Entscheidung auf! Frage dich: „Brauche ich XY jetzt? Macht es mir Freude/erfüllt es einen Zweck?" Lautet die Antwort „Nein", ändert sich das später meist nicht. Statt die Entscheidung aufzuschieben, dich von Dingen zu trennen, die du nicht brauchst, mach es jetzt!

4 „Ich brauche mehr Platz!"

Ich höre oft: „Wenn ich nur mehr Platz hätte, wäre es bei mir zu Hause viel ordentlicher!" Überlege mal: Mehr Platz bedeutet meist auch, dass wir mehr Dinge ansammeln, um diesen Platz zu füllen. Mehr Dinge bedeutet auch mehr Zeit, diese in Ordnung zu halten. Ein Gegenvorschlag: Wie wäre es, wenn nicht der Platz das Problem ist, sondern die Dinge, die wir besitzen?

STATTDESSEN

Wenn wir nur Dinge kaufen, für die wir auch Platz haben, dann erübrigt sich die Frage nach mehr Raum. Eine einfache Regel kann hier sehr helfen – das ist die Regel, die ich mit unseren Kindern schon trainiert habe, als sie ganz klein waren. Im Kinderzimmer galt: Wenn du eine Sache rausholst, musst du dafür eine andere Sache zurückräumen. Umgelegt auf unser Zuhause: Wenn du dir einen neuen Pullover, neue Handtücher, ein neues Küchengerät, was auch immer zulegen möchtest, überlege vorher, was im Gegenzug gehen darf. Was darf raus, damit was Neues einziehen kann?

5 „Ich bin einfach kein ordentlicher Mensch."

Wie bereits erwähnt, glaube ich nicht, dass es grundsätzlich ordentliche und unordentliche Menschen gibt, aber natürlich haben wir alle Tendenzen in die eine oder andere Richtung. Vor allem ist es wichtig zu bedenken, dass Ordnung für jeden von uns auch etwas anderes bedeuten kann. Nicht jeder will in einem Pinterest-Perfect Home leben. Es gibt Menschen, die viele Bücher um sich brauchen, andere mögen es lieber leer. Die einen haben gern kreatives Chaos, die anderen weniger. Manchen fällt es leichter, die eigene Definition von Ordnung zu finden, anderen schwerer. Darum möchte ich diesem Satz „Ich bin einfach kein ordentlicher Mensch" einen Gedanken entgegensetzen.

STATTDESSEN

Frage dich, wie wichtig dir Ordnung ist, welchen Stellenwert sie einnehmen soll und warum. Warum möchtest du mehr Ordnung zu Hause haben? Wenn du dein „Warum" gefunden hast, wird es dir leichter fallen, Ordnung zu halten.

Warum Rituale?

Zunächst ist es wichtig zu wissen, dass Ordnung nicht nur bedeutet, irgendwelche T-Shirts nach Farben zu sortieren oder alle Tassen in Reih und Glied aufzustellen. Ordnung kann sowohl sichtbar in den Dingen sein, die uns umgeben, als auch in uns selbst herrschen. Unordnung oder Chaos im Kopf, Rastlosigkeit und Gedankenwirrwarr – das kann schon ganz schön stressen, nicht wahr? Für mich persönlich – und ich glaube, das gilt für viele Menschen – sind da Rituale, Routinen und Gewohnheiten wie kleine Anker, die Halt geben können. Sie erden und sind Hilfslinien beim Navigieren durch den Alltagswahnsinn.

Unser Sonntagsfrühstückstisch

Ein solches schönes Ritual ist für mich unser Sonntagsfrühstück. Ich möchte dir an diesem Beispiel gerne zeigen, wie (neue) Routinen dir auf deinem Weg zu mehr Klarheit und Ordnung helfen können. Was genau also hat unser Frühstück damit zu tun? Nun, im Grunde sehr viel sogar. Wir zelebrieren es immer sonntags zu Hause, lange und gemütlich und an einem schön gedeckten Tisch. Hier trifft sich die Familie und hier läuft die Uhr für eine Weile langsamer. Ein Ruhepol im hektischen Tagesgeschehen! Diese Entschleunigung ist deshalb so wertvoll, weil sie wie ein kleiner Reset-Knopf für den Kopf wirken kann. Dabei ist es ganz egal, ob dieser Reset-Knopf beim gemeinsamen Frühstücksritual am Sonntag gedrückt wird, in wiederkehrenden „Me-Time"-Einheiten, beim regelmäßigen Yoga oder beim täglichen Spaziergang. Dein Ritual, deine Entschleunigungsroutine kann völlig anders aussehen als meine – der Effekt ist das Entscheidende: ein Ritual zu haben, bei dem du innehalten, wieder klar(er) sehen und dich im wahrsten Wortsinn „neu ordnen" kannst.

Aus einer anderen Perspektive betrachten
Auch zu diesem Zweck lade ich meine Leser und meine Instagram-Community regelmäßig zum kurzen Verweilen und Innehalten an unseren Sonntagsfrühstückstisch ein. Die Aufnahmen dazu mache ich gern aus der Vogelperspektive. Letztere habe ich dabei ganz bewusst gewählt, denn sie ist anders, bricht mit dem Gewohnten und lässt das Auge kurz verweilen. Gerade in einer Zeit, in der Social Media und vor allem Instagram unglaublich schnell geworden sind, tut so ein visueller Ruhepol ab und an gut, finde ich. Die Idee dazu entstand, da ich schon immer extrem fotografiebegeistert war und deshalb auch von jeher mit Perspektiven experimentiert habe. Dabei habe ich entdeckt, dass die Vogelperspektive mit gewohnten Strukturen bricht. Und dass man das, was für die Fotografie gilt, 1:1 auf den persönlichen Bereich übertragen kann. Sich selbst mit neuen Perspektiven zu überraschen, aus dem Gelernten, aus bestehenden Denkmustern herauszutreten, kann sehr inspirierend sein. So hat sich aus ein paar anfangs recht unprofessionellen Schnappschüssen unseres einfachen Familienfrühstückstischs vor ein paar Jahren ein richtiggehendes Projekt, mein Hashtag #ifsundaywereadish, entwickelt. Vielleicht kann es auch dich inspirieren – und vielleicht auch zum Umdenken und (neu) Sortieren!

THE
KINFOLK
TABLE
RECIPES for SMALL GATHERINGS

Routinen für mehr äußere Ordnung

Jetzt, da ich dir erzählt habe, warum Rituale und Routinen für die innere Ordnung und Klarheit sehr hilfreich sind, geht es an die äußere Ordnung. Der Duden erklärt den Begriff Routine so: „Durch längere Erfahrung erworbene Fähigkeit, eine bestimmte Tätigkeit sehr sicher, schnell und überlegen auszuführen." Doch was ist mit „längerer Erfahrung" gemeint? Nun, im Schnitt dauert es 21 Tage, bis wir neue Gewohnheiten so verinnerlicht haben, dass sie bleiben. Das Gleiche gilt natürlich für Gewohnheiten, die du ablegen willst. Diese Zeit durchzuhalten, lohnt sich! Denn Routinen können uns nicht nur dabei helfen, Aufgaben in kürzerer Zeit zu bewältigen, weil wir diese zum Beispiel täglich erledigen. Rituale helfen uns auch, unseren Tag zu strukturieren, uns Sicherheit und Halt zu geben. Durch (Ordnungs-)Gewohnheiten erleichtern wir uns außerdem selbst den Alltag, weil wir weniger Entscheidungen treffen müssen. Wenn klar ist, dass ich die Kaffeetasse gleich nach Gebrauch in die Spülmaschine räume oder die Post immer sofort durchsehe, muss ich nicht jedes Mal überlegen und entscheiden, was ich zum Beispiel mit ankommenden Briefen und Prospekten mache. Klingt fast schon zu plausibel und einfach, oder? Ist es ja auch.

Neue Gewohnheiten etablieren

Wenn du dich also zum Beispiel oft über schmutziges Geschirr in der Spüle ärgerst, das noch vom Vorabend übrig ist, könnte dein Wunsch sein: „Ich will morgens endlich in eine saubere, aufgeräumte Küche kommen." Damit das gelingt, kannst du dich ganz einfach selbst austricksen. Dein „Warum" – also warum gerade da Ordnung für dich wichtig ist und sich etwas ändern soll – ist klar: Der Ärger über die unordentliche Küche muss gehen. Deine neue Gewohnheit lautet daher: „Abends räume ich ab jetzt immer die Küche auf. Egal, wie spät es ist. Mein ‚Morgen-Ich' wird es mir danken und sich nicht mehr ärgern!" Wenn du es dir dann zur Gewohnheit gemacht hast, abends die Küche aufzuräumen, dann machst du das zu einem Teil deiner Ordnungs-Abendroutine. Eine Routine, die dir hilft, dann jeden Morgen in eine einladende Küche zu kommen. Das ist doch ein schönes Ziel, finde ich.

Im nächsten Kapitel werde ich dir Schritt für Schritt zeigen, welche Routinen und Rituale du in der Praxis für mehr Ordnung umsetzen kannst. Ich lade dich ein, Gewohnheiten ordnungsliebender Menschen in dein Leben zu lassen. Nimm dir mit, was sich für dich und deinen Alltag gut anfühlt.

Endlich Ordnung: Die Basics

Wir haben bereits über das Thema Mindset gesprochen und ich finde es wirklich mehr als unterschätzt. Überleg mal: Wenn du dein Denken und deinen Bezug zu Unordnung mit deinem „Warum" („Motivation: Finde dein ‚Warum'!", siehe Seite 21) kombinierst, dann wirst du feststellen, welch ein starker Hebel das richtige Mindset für deine Abläufe im Alltag sein kann.

Vielleicht hast du dich schon mal gefragt, warum andere Menschen scheinbar immer aufgeräumte Wohnungen und saubere Häuser haben? Die Antwort ist meist nicht unbedingt der neueste Cleaning Hack, die Haushaltshilfe oder der beste Staubsauger. Die Antwort ist oft: Ordentliche Menschen haben ein anderes Mindset. Sie haben es sich zum Beispiel zur Gewohnheit gemacht,

- ➜ nach dem Essen sofort das Geschirr vom Tisch zu räumen und direkt zu spülen/in die Spülmaschine zu geben,
- ➜ während des Kochens schon aufzuräumen,
- ➜ niemals mit einer unaufgeräumten Küche schlafen zu gehen,
- ➜ benutzte Dinge immer wieder an ihren Platz zurückzuräumen,
- ➜ ihren persönlichen (Haushalts-)Plan/ihr persönliches System zu nutzen.

Bevor wir zu Gewohnheiten kommen, die hoffentlich auch dir weiterhelfen, noch eine ganz wichtige Sache, die mir am Herzen liegt. Derzeit ist das Thema Aufräumen omnipräsent und man hat vielleicht teilweise das Gefühl, regelrecht bombardiert zu werden von sauber polierten und ausgemisteten Wohnräumen. Nimm dir ruhig davon mit, was du für dich brauchst, aber lass dich auf keinen Fall stressen oder unter Druck setzen. Ich zeige dir dann im Folgenden, wie du an deinem eigenen System arbeiten kannst, um einfach etwas mehr Zeit zu bekommen, statt dich ständig mit dem Projekt Aufräumen zu beschäftigen.

10 Gewohnheiten von ordentlichen Menschen

Was machen nun ordentliche Menschen anders? Was ist das richtige Mindset? Nun, wie vorher bereits beschrieben, habe ich festgestellt, dass es ganz oft die Gewohnheiten und Routinen sind, die uns entweder bremsen oder weiterbringen. Und das Mindset mancher Menschen ist deshalb auf Ordnung ausgerichtet, weil sie oft ein „Support-System" aus Routinen und Gewohnheiten haben, die sie dabei unterstützen. Auf der übernächsten Seite habe ich diese für dich zusammengefasst.

SALZ FEIN
BACKKAKAO
STAUBZUCKER

1

Alles hat seinen Platz/ sein Zuhause

Wenn es gute Strukturen gibt, fällt das Ordnunghalten viel leichter. Ein besonders großer Helfer ist da die Strategie: Alles hat seinen Platz. Es ist deshalb nicht automatisch immer alles auf Hochglanz poliert. Aber das Aufräumen fällt einfach um ein Vielfaches leichter, wenn jeder in der Familie weiß, wo was hingehört.

2

Wenn etwas herumliegt – sofort wegräumen

Hier hilft nur eines wirklich: Sofort wegräumen! Mach es dir zur Gewohnheit, Dinge, die rumliegen, einfach gleich an ihren Platz zurückzuschaffen.

3

Als Strukturgeber: Haushaltsplan führen

Mein Haushaltsplan ist tatsächlich für mich eine große Hilfe, um Struktur zu geben. Wie wir genau damit arbeiten, erkläre ich dir später („Der Haushaltsplan", siehe Seite 56).

4

Morgens IMMER das Bett machen

Ich glaube ja fest daran, dass der Tag besser und mit dem richtigen Mindset beginnt, wenn man das Bett nach dem Aufstehen macht. Und es ist so leicht. Man startet einfach ganz anders, wenn man schon morgens das erste kleine „Ordnungs-Erfolgserlebnis" hat. Bettdecken auslüften nicht vergessen!

5 Abends IMMER die Küche aufräumen

Ähnlich wie morgens mit dem gemachten Bett zu starten, ist auch für mich persönlich die aufgeräumte Küche vor dem Schlafengehen ein beruhigendes Element. Unsere Aufgabenteilung ist (zum Glück für mich) so gestrickt, dass mein Mann die Küche abends aufräumt. Vielleicht kannst du ja auch bei dir (diese) Arbeit umverteilen.

6 Reinigungsmittel griffbereit haben

Seit wir unseren „Bucket" mit den Reinigungsmitteln und Tüchern immer bereitstehen haben, klappt das Saubermachen noch deutlich besser. Denn die Putzmittel sind jederzeit griffbereit, aber trotzdem gleich aufgeräumt. Ich muss außerdem eine Lanze für Reinigungs-Caddys brechen, denn wenn du dein Putzzubehör einfach mitnehmen kannst, erleichtert das alles ungemein, verkürzt Wege und spart Zeit.

7 Alle Räume haben ein Konzept

Gut durchdachte Räume sind wichtig. Aus vielen Gründen. Aber auch hier gilt, wie immer, mein Grundsatz „Work with what you have". Denn nicht jeder hat den Luxus, neu zu bauen, einzurichten oder umzubauen. Aber: Man muss in einem Raum eine Weile lang leben, bevor man wirklich weiß, wie das Set-up den Alltagstest besteht. Das ist mit ein Grund, warum wir in unserer Wohnung zwar ein Grundkonzept hatten, sich aber dennoch in den letzten Jahren einiges gewandelt hat. Wir haben unseren Anforderungen entsprechend optimiert – größtenteils durch kleine Veränderungen und nicht durch große Umbauarbeiten.

8

10 Minuten Speed Tidy-up vor dem Schlafengehen durchführen

Mein absoluter Favorit, wenn es um Ordnungsgewohnheiten geht. „Speed Tidy-up" – sprich schnelles Aufräumen – am Abend ist nämlich ein echter Gamechanger. Hier geht es darum, die Grundordnung in den Räumen wiederherzustellen. Denn wenn erst mal grundsätzlich klar ist, wo was hingehört, ist abends wirklich nur noch eine kurze Runde nötig. Ein Wäschekorb, ein Timer und du – mehr braucht es nicht, um eine kleine Gewohnheit mit großem Effekt umzusetzen. Nimm dir zehn Minuten vor dem Schlafengehen, um einfach durch die Räume zu sausen. Stell dir deinen Timer und versuche in den zehn Minuten alles in deinem leeren Wäschekorb zu sammeln, was herumliegt. Danach wird jedes Teil in sein „Zuhause" zurückgeräumt. Du wirst sehen, dieses kleine Ritual hilft!

9

Oberflächen nicht zu vollstellen

Vielleicht ist es dir schon mal aufgefallen: In besonders ordentlichen Haushalten sind Tische, Regale und Küchenarbeitsplatte/Kücheninsel nie zugestellt. Überlege also gut, welche Küchengeräte du wirklich täglich oder oft nutzt, sodass sie sichtbar stehen müssen. Was kann in den Schrank? Gleiches gilt für Kommoden, Sideboards, Regale & Co. Mein Tipp: Einmal alles abräumen und dann nur das drauf, was wirklich dort Sinn macht, dir Freude bereitet, du benötigst.

10

Regelmäßig ausmisten

Immer wenn ich kleine Declutter-Challenges auf dem Blog und auf Instagram teile, freue ich mich sehr über das große Feedback. Ich glaube, man braucht manchmal einfach einen Anstupser oder einen Motivationsschub, damit man sich von Dingen befreit. Ordentliche Menschen haben es sich angewöhnt, regelmäßig auszumisten und nicht mehr Gebrauchtes zu spenden, zu verkaufen oder zu entsorgen.

nordic family kitchen
THE KINFOLK HOME

Das Museum der Tiere
HISTORISCHER ATLAS
MITTELERDE
KAREN WYNN FONSTAD

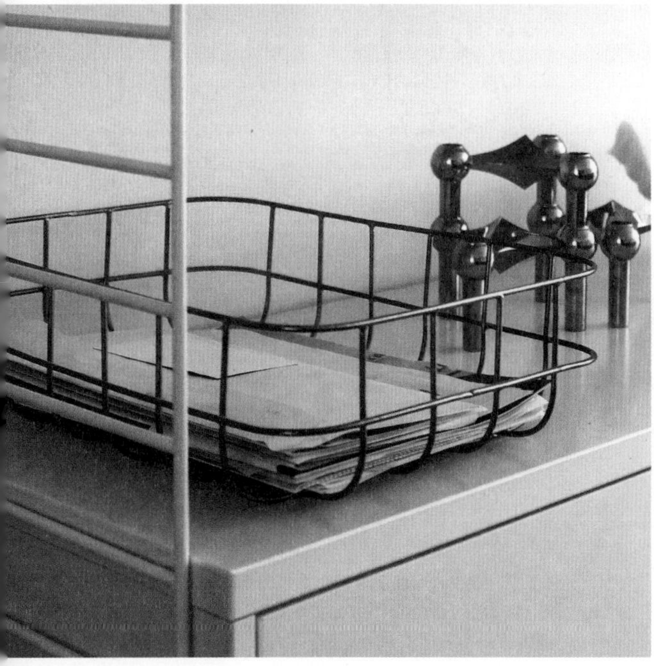

Im Alltag kann es ziemlich überwältigend sein, den Überblick zu bewahren und vor allem Ordnung zu halten. Die Lösung: ein guter Mix aus Routinen, Ritualen und Ordnungssystemen, die dich dabei unterstützen.

Tool-Tipps: Meine Ordnungshelfer

Wenn es um Ordnungshelfer geht, so gilt für mich derselbe Grundsatz wie für meine Deko: lieber weniger, dafür gut überlegte Tools und gute Qualität. Kaufe immer das Beste, was du dir mit deinem Budget leisten kannst. Glaube mir, dann hast du einfach länger Freude an den Dingen und lebst nachhaltiger – nicht nur was dein Portemonnaie betrifft. Unabhängig vom Budget, das dir zur Verfügung steht, gibt es ein paar sehr praktische und außerdem multifunktionale Tools, die dabei helfen, Ordnung zu halten. Die stelle ich dir im Folgenden vor, mit den besten Empfehlungen auch für dich zu Hause!

Powertool: Kisten & Boxen

Wenn es ein Ordnungstool gibt, das an Vielseitigkeit kaum zu übertreffen ist, dann sind das Körbe und Kisten. Bei uns daheim sind so einige davon in unterschiedlichen Größen im Einsatz. Sie verstecken, ordnen, geben einen Rahmen und ein Zuhause. Alles von Kleinstteilen über gefaltete Küchentücher bis hin zu Medikamenten oder Batterien findet darin seinen Platz.

Wer mir auf Instagram @stilles_bunt folgt, weiß bereits, dass ich auf die Paper-Pulp-Boxen von Ferm Living schwöre. Sie sind wirklich überall in unserem Zuhause in unterschiedlichen Größen zu finden. Dekorativ und praktisch, dabei noch schön nachhaltig: für mich die perfekte Kombination. Nicht nur im Kinderzimmer sind sie im Einsatz, sondern auch im Büro, im Wohnzimmer, in der Küche. Ich bin davon überzeugt, dass man immer in die Verbindung aus schön und praktisch investieren sollte. Aufbewahrung darf hübsch aussehen! Im Wohnzimmer zum Beispiel parken wir in den Boxen unter anderem Zeitschriften und gestapelt dienen die Ordnungshelfer zusätzlich als Ablage und Ladestation. Denn hinter den Boxen versteckt sich eine Steckdose.

Ein besonderer Dorn im Auge jedes ordnungsliebenden Menschen sind Fernbedienungen. Das kennst du bestimmt, man sucht sie ständig oder sie liegen irgendwo herum. Nicht schön. Wiederum gilt: Alles braucht ein Zuhause. Das erleichtert das Finden und Ordnunghalten. Mein Tipp: Nutze

SAMSUNG
NETFLIX

MilK
IDEAT
DATUM SEITEN DER ZEIT
SCHÖNER WOHNEN-KOLLEKTION 2022
NATÜRLICH EINRICHTEN | MINI-LOFT | GARTEN
DINAVIAN LIVING BY BO BEDRE
NO 1 2022

auch hier eine Box oder hübsche Kiste, um die Fernbedienung nach dem Gebrauch dort zu verstauen. Wenn jedes Familienmitglied weiß, wo die Fernbedienung „wohnt", ist sie immer aus dem Blickfeld, wenn sie nicht gebraucht wird, und rechtzeitig zur Hand, wenn die Lieblings-TV-Show startet.

IN BOXEN AUFBEWAHREN

- → Zeitschriften
- → Fernbedienungen
- → Kleinkram im Kinderzimmer
- → Kerzen
- → Servietten
- → Kleinkram im Büro
- → Technische Tools

Ordnungshelfer Körbe

Neben (Papier-)Boxen sind Körbe mein Go-to-Tool, wenn es um dekorative Ordnungshelfer geht. Ich habe dir auch hier ein praktisches Anwendungsbeispiel mitgebracht. Im Wohnzimmer bewahren wir unsere Decken in einem wunderschönen, großen Korb mit Deckel auf. Sie sind somit immer schnell aufgeräumt und liegen nicht herum. Der Vorteil an Körben: Selbst kleine Kinder können hier schon mithelfen und zum Beispiel die Decke zurück an ihren Platz räumen.

IN KÖRBEN AUFBEWAHREN

- → Decken
- → Deko-Kissen
- → Deko allgemein
- → Zeitungen und Zeitschriften
- → Toilettenpapierrollen
- → Kinderspielzeug
- → Tischdecken (gerollt)

Zeitspartipp: Dein Putz-Caddy

Oft sind es wirklich die einfachsten Dinge, die das Leben so viel leichter machen können. Ein gut sortierter und organisierter Putz-Caddy gehört zu diesen Dingen. Es gibt tatsächlich sehr viele Gründe, die dafür sprechen, sich einen Putz-Caddy zuzulegen:

1. Ein Putz-Caddy spart Zeit: Du hast alle deine Reinigungstools und Putzmittel an einem Platz und kannst sie mit von Ort zu Ort nehmen.

2. Ein Putz-Caddy spart Geld: Du kannst dir im wahrsten Sinne des Wortes „sparen", viele verschiedene Putzmittel für die unterschiedlichen Räume und Bereiche deines Zuhauses zu kaufen. Stattdessen brauchst du nur ein Set, das in deinem Putz-Caddy wohnt und mit dir alle Arbeiten von Raum zu Raum erledigt!

3. Ein Putz-Caddy hilft dir, Ordnung zu halten: Es sieht schlichtweg aufgeräumter aus, wenn du deine Putzmittel und Tools in einem hübschen Caddy aufbewahrst. Wenn Allzweckreiniger & Co. dann auch noch in schönen Flaschen daherkommen, macht sich dein Putz-Caddy sogar ganz fein als Deko.

In den Putz-Caddy kommen am besten wenige, aber dafür mit Bedacht gewählte Reinigungsmittel. Allgemein finde ich die unten stehende Auswahl am sinnvollsten. Für mich ist das die Basisausrüstung, mit der wir die komplette Wohnung sehr gut putzen können. Je nach Größe und Fassungsvermögen deines Putz-Caddys kannst du natürlich selbst dein Equipment zusammenstellen. Sehr praktisch finde ich zum Beispiel ein Staubspray (Rezept für mein DIY-Staubspray siehe Seite 55). Das ist schnell vorbereitet und hat den Vorteil, dass sich der Staub nicht so schnell auf den Oberflächen sammelt. Probier es aus!

IM PUTZ-CADDY AUFBEWAHREN

- Allzweckreiniger in einer Sprühflasche
- Glasreiniger in einer Sprühflasche
- Kalkreiniger in einer Sprühflasche
- Essig-/Zitronenreiniger (Rezept für meinen DIY-Zitronen-Essig-Reiniger siehe Seite 54) verdünnt in einer Sprühflasche
- Putztuch (feucht)
- Putztuch (trocken)
- Bürste für Fugen oder Ähnliches
- Zahnbürste für schwierige Stellen

Schöner putzen: So geht's!

Meine liebsten Reinigungsmittel kommen, wie könnte es anders sein, aus dem hohen Norden. Seit Jahren verwende ich die Reinigungsmittel und -tools von Humdakin. Ein verantwortungsvoller und möglichst nachhaltiger Umgang mit den Dingen, die wir besitzen und benutzen, liegt mir sehr am Herzen. Reinigungsmittel, die wir nicht nur an unsere Haut, sondern auch ins Abwasser lassen, müssen für mich daher durchdacht und schonend sein. Für mich ist Humdakin da die perfekte Kombination aus Achtsamkeit gegenüber der aquatischen Umwelt, angenehmem Duft und ästhetischer, recycelter Verpackung im skandinavischen Stil. Die Reinigungsmittel riechen nicht nach Chemie – das macht für mich schon mal einen enormen Unterschied und irgendwie sogar gleich etwas mehr Lust aufs Putzen!

PRO-TIPP

Ich finde es immer großartig, wenn ich Produkte entdecke, die sehr sparsam im Verbrauch sind. Humdakin-Putzmittel kannst du einfach mit Wasser verdünnen, da es sich um milde Konzentrate handelt. Der Reinigungsleistung tut dies keinen Abbruch und du kommst extrem lange mit den Produkten aus. Win-win!

DIY-Zitronen-Essig-Reiniger

Wenn du gerne selbst deine Reinigungsmittel vorbereitest und ein bisschen Zeit übrig hast, dann probiere mein Rezept für einen DIY-Zitronen-Essig-Reiniger. Er ist besonders gut geeignet für hartnäckige Flecken, als Basis für mein DIY-Staubspray und auch als Backofenreiniger.

Zutaten

3 Zitronen
Haushaltsessig zum Aufgießen
1 gut schließendes Schraubglas (z. B. Einmachglas o. Ä.)
1 Behälter (z. B. Sprühflasche o. Ä.)

Zubereitung

1. Zwei Zitronen halbieren und vierteln. Die Viertel in das Schraubglas geben.
2. Die übrige Zitrone auspressen, den Saft ebenfalls in das Schraubglas geben. Die ausgepresste Zitrone nicht wegwerfen! Damit kann man super die Küchenspüle oder den Duschkopf reinigen und vom Kalk befreien – oder einfach auch ab damit ins Schraubglas.
3. Alles mit so viel Essig aufgießen, bis die Zitronen damit bedeckt sind.
4. Das Glas verschließen und an einem dunklen Ort etwa 1 Woche stehen lassen. Das Warten lohnt sich, weil die Zitronen den Essiggeruch etwas entschärfen.
5. Anschließend den Zitronenessig durch ein Sieb in einen Behälter gießen.
6. Zum Reinigen dann je ein Teil Zitronenessig mit einem Teil heißem Wasser auffüllen.

DIY-Staubspray

Ordnung halten soll einfach und dauerhaft sein – darauf haben wir uns geeinigt, nicht wahr? Wenn Staubwischen auch nicht gerade zu deinen Lieblingsbeschäftigungen gehört, probiere gern mein DIY-Staubspray aus. Es hilft dabei, dass der Staub es sich nicht so schnell auf Oberflächen gemütlich macht, und du hast etwas länger Ruhe. Außerdem reinigt es super!

Zutaten

4–5 EL DIY-Zitronen-Essig-Reiniger (Rezept siehe Seite 54)
3–4 Tropfen ätherisches Öl
3–4 Tropfen Olivenöl
1 Sprühflasche

Zubereitung

1. Alle Zutaten miteinander vermengen.
2. Mit Wasser mischen und in die Sprühflasche füllen.
3. Zur Anwendung auf ein Mikrofasertuch sprühen, nicht direkt auf die Oberflächen.

TIPP

Eine liebe Freundin, die sich mit ätherischen Ölen sehr gut auskennt, hat mir übrigens noch den Trick verraten, solche Öle vorab immer in etwas Alkohol zu mischen, damit sie nicht an der Wasseroberfläche schwimmen.

Der Haushaltsplan

In einer scheinbar perfekten Social-Media-Welt wirkt es oft so, als hätten einige Menschen das ebenso perfekte Zuhause. Putzen, Haushalt, Ordnung, Familie, Job ... Wie schaffen die es nur, dass es bei ihnen immer so aufgeräumt ist? Als jemand, der selbst auf Instagram präsent ist, kann ich dich beruhigen:

Erstens ist es bei uns daheim und mit Sicherheit auch bei den anderen nicht ständig blitzblank. Zweitens – und das ist viel wichtiger – muss es außerdem gar nicht jederzeit perfekt sein nur der Optik wegen. Aber wer es trotzdem ordentlich(er) haben möchte, für den kommt jetzt drittens: Alles geht einfach viel leichter mit dem richtigen Ordnungssystem für die Hausarbeit, einem Haushaltsplan.

Zumindest ist das bei mir und meiner Familie so. Ich möchte dir gerne zeigen, wie wir diese Aufgaben über die Woche verteilt zurechtlegen und warum wir nicht dauernd putzen müssen, damit es bei uns halbwegs ordentlich aussieht.

Mittlerweile arbeite ich zwar von zu Hause aus und kann mir meine Zeit selbst einteilen, da ich aber lange im Angestelltenverhältnis tätig war, kann ich gut verstehen, wie überwältigend die vielen To-dos oft scheinen. Neben einem Teilzeit- oder Vollzeitjob und vielleicht auch noch Familie den Haushalt zu „schmeißen", kann eine richtig große Herausforderung sein. Genau aus dieser Situation heraus ist unser Haushaltsplan entstanden. Wir hatten das Gefühl, nicht mehr hinterherzukommen und gefühlt ständig sauber machen zu müssen. Wäscheberge, Geschirr in der Küche, Spielsachen auf dem Boden, ach und irgendwie wächst auf den Spiegeln so ein Staubfilm. Kommt dir das vielleicht bekannt vor? Mir bzw. uns eben auch. Was man nämlich auf Fotos von Bloggern, Influencern & Co. nie sieht, ist „the mess behind the scenes". Dieser „mess" ist jedoch völlig normal und gehört zum Familienalltag dazu. Wenn man es aber gerne aufgeräumt und sauber hat und so wie ich eher zur Kategorie Monk zählt, kann das unmöglich ein Dauerzustand sein. Hilfe! Dass wir es nun schaffen, unser Zuhause sauber, aufgeräumt und meistens halbwegs vorzeigbar zu halten, verdanken wir zu einem guten Teil eben unserem Haushaltsplan und den damit verbundenen Routinen. Das gesamte Paket besteht zum einen aus einem Wochenplan für einzelne Tage und zum anderen aus täglichen Aufgaben, die wir immer erledigen.

CEREAL

Teil 1: Fokus Wochentage – Der Wochen-Haushaltsplan

Die Strategie für den Wochenplan ist eigentlich ganz simpel: Bei uns hat jeder Wochentag einen Fokus. Das heißt, dass ich/wir nicht jeden Tag ALLES putzen und aufräumen, denn wer hat schon Lust oder Zeit, ständig ALLES zu machen? Wir gehen vielmehr sehr fokussiert vor: durch genaueres und gezielteres Putzen und Aufräumen. Sprich, am jeweiligen Tag bekommt ein Bereich mehr Aufmerksamkeit. Einfach, oder?

Dazu stelle ich dir im Folgenden unseren Wochenplan vor. Dieser ist so gefüllt, wie es für mich und unsere Familie gut passt. Jeder Tag hat einen Fokuspunkt und dabei verwende ich wirklich nicht extrem viel Zeit auf die Bereiche am jeweiligen Tag. Ich würde sagen, so etwa 30 Minuten bis eine Stunde pro Tag – manchmal auch weniger. Mit dieser Taktik kommt jeder Bereich mal dran und wird gründlich gereinigt und aufgeräumt, ohne dass ich jeden Tag alles machen muss oder, wenn Besuch ansteht, die gesamte Wohnung komplett auf den Kopf stellen muss. Zudem finde ich es einfacher, die Aufgaben auf die einzelnen Familienmitglieder aufzuteilen, wenn klar ist, was wann zu tun ist.

DIE VORTEILE DES WOCHEN-HAUSHALTSPLANS

- Teilt Aufgaben auf
- Jeden Tag ein bisschen statt alles auf einmal
- Struktur für die Woche
- Mehr Klarheit
- Dauerhaft Ordnung
- Aufgaben werden nicht übersehen
- Mehr Zeit für mich
- Weniger Stress

Eine Anmerkung: Ich weiß, dass es ganz viele unterschiedliche Wohnbedingungen gibt, daher ist der folgende Wochenplan auf unseren persönlichen Alltag und die Gegebenheiten ausgerichtet. Hätten wir ein großes Haus mit Garten, wären wir bestimmt noch beschäftigter, vor allem an den Wochenenden. Ich muss ehrlich sagen, ich genieße es, dass aufgrund unserer überschaubaren Wohnfläche die zu instand haltenden Bereiche übersichtlich sind. Unsere Terrasse und der Balkon sind unsere kleinen Grünoasen und auch hier steht etwas Arbeit an, die hält sich allerdings zum Glück in Grenzen.

Wie dein Wochenplan aussieht, ist natürlich sehr individuell, und wie du ihn füllst, ist selbstverständlich ganz dir überlassen. Auf meinem Blog

stillesbunt.at findest du auch noch eine leere Vorlage für den Wochenplan zum Download. Und: So ein neues System entsteht natürlich nicht von heute auf morgen, also gilt wie immer „no stress" – gib dir selbst sowie deiner Familie/deinen Mitbewohnern Zeit beim Erstellen eines Haushaltsplans und um die veränderten Routinen anzunehmen.

Unser Wochenplan für den Haushalt

Montag: Küche

Was den Haushalt betrifft, ist Montag Küchentag. Da erledige ich oder mein Mann den Wocheneinkauf, ich putze den Kühlschrank (mit Essigwasser), entkalke die Kaffeemaschine, wenn nötig. Montags reinige ich außerdem den Backofen – das mache ich so circa einmal im Monat bis alle zwei Monate. Hier verwende ich eigentlich ebenfalls am liebsten Essigwasser und gerne auch Backpulver. Bei hartnäckigen Flecken gehe ich mit einem Putzstein ran – der bekommt im Grunde alles sauber. Unsere Küchenoberflächen, Schranktüren und Laden putze ich mit dem stark verdünnten Allzweckreiniger von Humdakin oder mit meinem DIY-Zitronen-Essig-Reiniger (Rezept siehe Seite 54), ebenfalls stark verdünnt. Beides duftet richtig gut und ist keine Chemiekeule. Bei dieser Gelegenheit wechsle ich noch sämtliche Geschirrtücher, Spülschwämme, fülle Klarspüler und Spülmaschinensalz in der Spülmaschine nach und notiere auf meiner Putzmittel-Checkliste, falls ich etwas nachkaufen muss.

Dienstag: Wäsche

Am Dienstag ist die Wäsche dran. Natürlich läuft bei uns die Waschmaschine öfter als einmal pro Woche. Wir sind schließlich eine vierköpfige Familie und mein Mann benötigt für seinen Job viele Hemden für Opern- und Konzertvorstellungen. Unabhängig davon bekommt am Dienstag die „Kategorie Wäsche" mehr Aufmerksamkeit. An diesem Tag versuchen wir, alles rundherum unterzukriegen. Das heißt auch, dass ich normalerweise dienstags nicht die Küchenschränke auswische, sondern eben die Waschmaschinendichtungen putze, Waschmittelbedarf notiere, das Bügeleisen entkalke bzw. putze, wenn es nötig ist. Das alles ist nicht jede Woche notwendig, aber wenn etwas aus der Kategorie Wäsche ansteht, erledigen wir das gewöhnlich am Dienstag. Mein Mann ist bei uns hauptsächlich für die Wäsche zuständig, er bügelt (ich hasse bügeln!). Das ist einfach am sinnvollsten, denn er hat tatsächlich die meisten Kleidungsstücke, die gebügelt werden müssen – Hemden.

Mittwoch: Bad / WC

Die Wochenmitte ist bei uns zu Hause immer Badezimmer- und WC-Tag. An diesem Tag kümmere ich mich darum, dass das Badezimmer und die Toilette gereinigt, die Handtücher, Waschlappen, Badematten etc. gewechselt sind und sämtliche Reinigungsmittel, Toilettenpapier etc. gecheckt werden. Was nachgekauft werden muss, kommt ebenfalls auf die Putzmittel-Checkliste. Was gerne mal vergessen wird, ist das Badespielzeug der

Kinder. Das ist mittlerweile bei uns kein großes Thema mehr, weil die Kinder schon älter sind, aber denk daran, auch Gummienten & Co. regelmäßig zu reinigen. Genauso Haarbürsten, Make-up-Pinsel und Ähnliches.

Donnerstag: EIN Projekt

Der Donnerstag war bei uns lange Zeit sehr vollgeplant. Arbeit, Schule, Gesangstunde, Cellostunde der Großen, Chor der Kleinen – da wir alle am Donnerstag erst nach 18 Uhr heimkamen bzw. mein Mann ohnehin meist Abenddienst hatte, blieb an diesem Tag nur wenig Energie, um noch groß sauber zu machen. Darum habe ich mir für diesen Tag vorgenommen, immer EIN kleines Projekt fertigzustellen. Das kann eine Schublade sein, die ich in 15 Minuten schnell aufräume, das Vorzimmer von Jacken befreien, schmutzige Schuhe putzen, Kleidung für die Reinigung zusammentragen, unsere Spendenkiste mit ausgedienter Kleidung oder Gegenständen füllen etc. Auch wenn mittlerweile der Donnerstag nicht mehr ganz so zugeplant ist, haben wir diese Aufteilung beibehalten. Das kann für dich natürlich ein anderer Wochentag sein, aber ich meine, so ein Wochenplan soll vor allem eines sein: realistisch umsetzbar in der Praxis. Darum ist ein Wochentag mit etwas weniger vorgezeichneten Aufgaben wie dieser sicherlich kein Fehler.

Freitag: Gründlich staubsaugen und wischen

Kurz vor dem Wochenende mag ich es immer ein Stückchen sauberer. Denn ich kann mich erst richtig entspannen, wenn ich mit einem aufgeräumten Zuhause ins Wochenende starte. Darum wird freitags gründlich Staub gewischt, gesaugt und durchgewischt. Dabei helfen wir zusammen, die Kinder können bereits selbstständig ihre Kinderzimmer saugen und Regale wischen. Zum Bodenwischen: Unsere Parkettböden vertragen reines Wasser gut, für die Fliesen nehme ich gerne Essigwasser mit einem Tropfen Öl (z. B. Lavendel, Orange). Außerdem putze ich freitags die Spiegel und zugegebenermaßen eher selten die Fenster. Habe ich erwähnt, dass ich Fenster putzen fast so sehr hasse wie bügeln?

Samstag und Sonntag: Familientag

Am Wochenende haben wir eigentlich keine Aufräum- oder Putzaktionen auf dem Plan, denn diese Zeit gehört der Familie. Gemütlich in den Tag hinein frühstücken, entspannen, den einen oder anderen Ausflug machen, abends auch mal eine Date Night zu Hause mit Cocktail Hour. Alles möglichst relaxed. Allerdings bereiten wir am Sonntag gemeinsam vieles für die kommende Woche vor: Schultascheninhalt checken, Kleidung für Montag rauslegen, To-dos für (Kindergarten und) Schule durchsehen. Außerdem schreibe ich sonntags immer die Einkaufsliste für den Wocheneinkauf. Das dauert in Summe nicht sehr lange und der Montag startet durch ein paar kleine Vorbereitungen gleich viel flüssiger.

Fazit

Du siehst, meine Version des Haushaltsplans bzw. der Aufgabenorganisation ist nicht kompliziert, aber systematisch. Der Plan unterstützt zumindest mich sehr gut darin, den Überblick zu behalten. Außerdem mag ich diese Struktur der Woche ganz gerne, denn sie verschafft mir Klarheit und hilft tatsächlich, dass unser Zuhause immer relativ ordentlich, sauber und aufgeräumt bleibt. Die Betonung liegt auf „relativ", denn auch wir sind natürlich nur Menschen und hinterlassen Spuren. Wie ich schon erwähnte: Perfekt wird überbewertet und ist völlig unrealistisch. Verabschiede dich besser von diesem Anspruch.

Teil 2: Tägliche Aufgaben

Neben den Schwerpunkttagen gibt es Aufgaben, die wir täglich erledigen – wir erhalten so die Grundordnung. Das gibt größeren Chaosherden erst gar keine Chance. Als Inspiration für deine tägliche Ordnungsroutine kannst du von der nachfolgenden Liste einfach das mitnehmen, was gut in deinen Lebensstil und Tagesablauf passt.

Auf der folgenden Seite findest du als Beispiel unseren Haushaltsplan.

HAUSHALTSPLAN

PUTZEN • ORDNUNG • AUFRÄUMEN

MONTAG

KÜCHE

- Wocheneinkauf
- Kühlschrankputz
- Kaffeemaschine entkalken
- Oberflächen reinigen
- Backofen reinigen

DIENSTAG

WÄSCHE

- Waschen, trocknen, aufhängen, bügeln
- Waschmittel auffüllen
- Waschmaschine reinigen
- Bügeleisen reinigen

MITTWOCH

BADEZIMMER

- Badezimmer und Toiletten reinigen
- Handtücher wechseln
- Badematten wechseln
- Badespielzeug säubern

DONNERSTAG

#10MINGOAL

- Nur einen Bereich ordnen, ausmisten und reinigen (Kleiderschrank, Schublade oder Vorzimmer etc.)

FREITAG

WOHNZIMMER UND ALLGEMEIN

- Staub wischen
- Staubsaugen
- Nass wischen
- Fenster und Spiegel putzen, wenn nötig
- Wohnung für das Wochenende aufräumen

SAMSTAG

FAMILIENTAG

- Nötige tägliche Aufgaben
- Ein Projekt zu Hause, wenn nötig

SONNTAG

FAMILIENTAG

- Für die Woche vorbereiten
- Schulsachen-Check
- Wocheneinkaufsliste
- Betten frisch beziehen

NOTIZEN

NOTIZEN / TO-DOS

- ______________________
- ______________________
- ______________________
- ______________________

1 Punktuell staubsaugen

Mit dem Hand- bzw. Akkustaubsauger geht das sehr flott und dabei können auch die Kinder super mithelfen. Die Küche fege oder sauge ich abends kurz durch.

2 Flecken und Verschüttetes sofort wegwischen

Gerade mit sehr kleinen Kindern kennst du das bestimmt: Ständig landet irgendetwas auf dem Tisch oder Fußboden. Das ist ganz normal. Es mag banal klingen, aber wenn du es noch nicht tust, wische Verschüttetes, ob von Kindern oder Erwachsenen, sofort weg. Holzoberflächen, Parkettböden und dergleichen mögen es nämlich gar nicht, wenn Flüssigkeiten zu lange auf ihnen stehen bleiben. Im Sommer vermeidest du so außerdem, dass sich ungebetene Insektengäste über Saftflecken und Ähnliches hermachen.

3 Badezimmer-Waschbecken immer trocken wischen

Mein Tipp: Halte unter dem Waschbecken oder in der Nähe ein Mikrofasertuch bereit und bitte auch die restlichen Familienmitglieder, nach der Benutzung das Waschbecken kurz trocken zu wischen. Das dauert ein paar Sekunden und spart in Summe Putzzeit! Eine kleine Routine mit großer Wirkung.

4 Geschirr sofort in die Spülmaschine oder Spüle stellen

Dieser Punkt ist, glaube ich, derjenige, der am meisten Geduld meinerseits gebraucht hat. Aus irgendeinem Grund war es für unsere Kinder ein etwas schwieriger Prozess und nicht ganz so verständlich wie für mich, dass sie das Geschirr sofort in die Spüle oder in die Spülmaschine räumen. Einige Routinen brauchen nun mal etwas Zeit und das ist völlig okay. Trotzdem lohnt es sich wirklich sehr, dranzubleiben. Denn selbst wenn anfangs auch nur ein Famillienmitglied sein Geschirr nach dem Gebrauch wegräumt, trägt das schon zu etwas mehr Ordnung bei. Geduld ist auf jeden Fall gefragt.

5 Punktuell aufräumen – alles zurück an seinen Platz!

Zur Erinnerung: Zwischendurch einmal kurz durch die Wohnräume sausen und etwaige „heimatlose“ Gegenstände in ihr Zuhause zurückräumen.

6 Post sofort durchsehen und sortieren

Wenn sich erst die Post stapelt oder türmt, dauert es eine Weile, alles durchzusehen und wegzusortieren. Besser: Ankommende Briefe, Prospekte, Karten etc. sofort in einer Ablage nahe dem Flur sammeln und nach Möglichkeit sofort sortieren.

7 Kleidung für den nächsten Tag rauslegen

Ein stressfreier Morgen beginnt am Vorabend. Wir bereiten täglich alles für den nächsten Morgen vor, besonders die Kleidung.

8 Eine Ladung Wäsche in die Maschine geben

Als vierköpfige Familie produzieren wir naturgemäß einiges an Wäsche. Damit sich diese nicht zu sehr ansammeln kann (das passiert ohnehin von selbst), läuft einmal pro Tag die Waschmaschine.

9 Aufräumen während Wartezeiten

Das Nudelwasser kocht, die Sauce ist fertig – währenddessen schnell mal durch die Küche huschen und schon beim Kochen aufräumen. Das spart langes Saubermachen, nachdem die Mägen gefüllt sind.

10 Abendroutine etablieren: 10-Minuten-Goal

➜ **Schritt 1:** Wäschekorb schnappen.
➜ **Schritt 2:** Timer auf zehn Minuten stellen.
➜ **Schritt 3:** Alles einsammeln, was herumliegt.
➜ **Schritt 4:** Mit dem Korb alles an seinen Platz zurücktragen.

10:00
Pause
Timer-Ende
Radar

THE
KINFOLK
ENTREPRENEUR

WOHNEN: ORGANISIEREN & DEKORIEREN

Reduzieren & Ausmisten

Überlege mal: Wenn wir ständig „nur" aufräumen, Stapel beseitigen, angesammelte Dinge mit einem Seufzer ausmisten, ist das auf Dauer ganz schön anstrengend und sehr frustrierend. Automatisch stellt sich dieses Gefühl ein, nicht vom Fleck zu kommen, immer wieder von vorne anfangen zu müssen. Besser ist da doch, eine gewisse Grundordnung zu schaffen und so große Ansammlungen durch gute Gewohnheiten von Beginn an zu verhindern, oder?

Nun, da wir für etwas mehr Fokus und Ordnung „im Kopf" gesorgt haben, machen wir uns an die physischen Dinge, die du entsorgen kannst. Denn eines ist ganz wichtig: Du kannst nicht anfangen, Ordnung zu schaffen, wenn du dich nicht von den Dingen trennst, die du absolut nicht in deinem Leben und deinem Zuhause brauchst.

Das Konsumverhalten überdenken

Moderne nordische Interieurs sind vor allem deshalb oft so eine Wohltat für die Augen, weil der Fokus auf die wesentlichen Dinge meist im Vordergrund steht. Wohnungen und Häuser, die immer sehr aufgeräumt aussehen, sind natürlich nicht immer perfekt gestylt. Aber ich bin fest davon überzeugt, dass es viel leichter fällt, eine gewisse Grundordnung zu halten, wenn man sich mit Dingen umgibt, die man tatsächlich bewusst besitzt. Das eigene Konsumverhalten zu überdenken, kann da ein prima Startpunkt sein. Vielen Menschen hilft es, zu diesem Zweck folgende Fragen zu beantworten:

- ➜ Wie kaufe ich ein und warum kaufe ich was?
- ➜ Warum kaufe ich zum Beispiel das zehnte Set Weihnachtsbaumschmuck, obwohl ich schon reichlich Deko besitze?
- ➜ Benutze ich (um beim Beispiel zu bleiben) wirklich alle Weihnachtsdeko-Teile?
- ➜ Werde ich diese Neuanschaffung auch wirklich verwenden?
- ➜ Wenn ich eine Nacht drüber schlafe, will ich diesen Gegenstand morgen auch noch haben?

Starthilfe zum Ausmisten

Damit dir der Start fürs „große Reinemachen" etwas leichter fällt, habe ich einige Tipps, wo du beim Ausmisten im Kleinen anfangen kannst. Diese Gegenstände wirst du nicht vermissen – sie können heute noch aussortiert werden!

- ➜ Vorratsschrank: abgelaufene/nicht benötigte Lebensmittel
- ➜ Abgelaufene Medikamente
- ➜ Beauty-Produkte – wie viele Lippenstifte/Nagellacke/Cremes nutzt du nicht mehr?
- ➜ Technik, die nicht mehr gebraucht oder im letzten Jahr nicht benutzt wurde
- ➜ Kleidung, die du im letzten Jahr nicht getragen hast
- ➜ Küchenarbeitsplatte: Was sind die Essentials? Was muss nicht draufstehen?
- ➜ Küchentools: Zwei Pfannenwender, drei Flaschenöffner – was kann da weg?
- ➜ Bettwäsche, die nicht mehr verwendet wird

Spenden

Und dann kann es weitergehen mit dem Ausmisten: Zuerst evaluieren und dann reduzieren! Dazu habe ich dir im Folgenden die „Problemzonen" im Haushalt und die möglichen Wege daraus zusammengestellt.

Kleidung & Accessoires

Die „Irgendwann"-Jeans & Co.
In fast jedem Kleiderschrank zu finden: Jeans, Kleid, Rock, Hose oder Pulli, die wir aufheben für … ja für wann eigentlich? Wenn du etwas im letzten Jahr nicht getragen hast, darf es gehen. Ausnahme: wirklich sehr festliche Ballroben und Ähnliches.

Handtasche/Rucksack
Kleine Zettelchen, Kram – in unseren Handtaschen und Rucksäcken sammelt sich so einiges an. Zeit, sie einmal komplett auszuleeren und aufzuräumen. Bei dieser Gelegenheit kannst du gleich deine Taschensammlung durchsehen und überlegen, welche du wirklich benutzt oder ob du hier auch ein wenig aussortieren kannst. Denk daran: Was noch gut erhalten ist, kannst du spenden!

Ausgeleierte/löchrige Socken
Ich hasse nichts mehr als Socken, die rutschen! Wenn der Gummi ausgeleiert ist oder sich Löcher eingeschlichen haben, ist es Zeit, den Socken Lebewohl zu sagen. Tipp: Damit der Gummibund nicht zu arg ausleiert, solltest du deine Socken immer rollen und nicht, wie viele es tun, über den Gummibund zu einem Päckchen ziehen.

Verknoteter Schmuck
Wenn du so ungeduldig bist wie ich, hasst du nichts mehr als verknotete Ketten. Was wirklich nicht mehr entwirrt werden kann, darf gehen. Ein Trick: Versuche es zuvor noch mit einem Tröpfchen Babyöl. Manchmal lockern sich dadurch Knoten. Auch nie getragener Schmuck darf gehen.

Schuhe und Kinderschuhe
Zu klein gewordene Kinderschuhe oder auch „diese Pumps, die ich bestimmt irgendwann mal wieder anziehe" – tu dir einen Gefallen und mustere sie aus!

Technik & Tools

Alte oder kaputte Smartphones
Nicht mehr benötigte Smartphones kannst du entweder verkaufen oder spenden. Sie besetzen nur Platz, den du in deinem Zuhause für etwas anderes nutzen kannst.

Bedienungsanleitungen
So gut wie alle Anleitungen gibt es auch digital! Befreie dich von Papier, das du nicht mehr benötigst, und mache es dir gleich zur Routine, Papieranleitungen nicht aufzuheben. Du findest sie bestimmt online. Einzige Ausnahme: Garantiescheine oder -zettel. Diese solltest du unbedingt in deinen Dokumenten ablegen.

Apps auf dem Smartphone
Dauert keine Ewigkeit, aber hat einen großen Effekt: Nimm dir etwas Zeit und miste deine Apps auf dem Smartphone aus. Organisationstipp: Ordne bei der Gelegenheit auch gleich die Apps neu an bzw. gruppiere sie in Kategorien.

Ladekabel ohne Besitzer
Investiere ein wenig Zeit und sieh deinen Fundus an Ladekabeln und Chargern durch. Alles, was keinen Besitzer mehr hat, darf entsorgt werden. Bonus-Ordnungstipps: Markiere deine Kabel mit Washi-Tape und beschrifte sie – so weißt du künftig, was zu welchem Gerät gehört. Außerdem hilft es, alle Kabel in einer Box oder Kiste aufzubewahren.

Fotos und Videos
Ich bin sicher, dass nicht nur ich wahnsinnig viele Fotos auf meinem Smartphone habe. In meinem Fall natürlich auch berufsbedingt. Dennoch: Ich

fordere dich und mich heraus, den Fotoberg endlich anzugehen. Arbeite dabei in Etappen! Setze dir ein Ziel, zum Beispiel Smartphone-Fotos und -Videos von XY Monaten nach Duplikaten durchsuchen, ausmisten und die verbleibenden in Monatsordnern ablegen. Falls du ein Fotobuch erstellen möchtest, kannst du so später direkt die Lieblingsfotos aus den jeweiligen Monaten sichten.

Schreibtisch, Papier & Dokumente

Der Zettelberg
Steuerdokumente, die älter als die gesetzliche Aufbewahrungsfrist sind, sprich über sieben Jahre alt: Die kannst du schreddern. Alles andere solltest du natürlich aufbewahren und entsprechend in deinem Dokumente-Ordnungssystem ablegen.

Alte Magazine/Zeitschriften
Welche Magazine wirst du noch in einem Jahr lesen? Überlege mal so: Wenn du nur die absoluten

Lieblingsmagazine behältst und den „Mount Magazine" bezwingst, schaffst du wieder Raum für die dir wichtigen Gegenstände in deinem Zuhause. Mein Ordnungstipp dazu: Nach dem Aussortieren kannst du deine Lieblingszeitschriften in einer dekorativen Box oder einem Korb aufbewahren.

Bücher

Das ist definitiv ein Punkt, der uns persönlich immer schwerfällt, denn Bücher lieben wir einfach. Aber das ist okay. Denke immer daran, wenn du etwas mit viel Mehrwert für dich verbindest, ist es auch in Ordnung, es zu behalten! Wenn nicht, kannst du es aussortieren.

Schreibtischlade

Wenn du einen Schreibtisch hast oder sogar ein Homeoffice, dann nimm dir zehn Minuten Zeit, die Lade(n) auszumisten! Starte mit einer einzelnen Lade, einer Aufgabe. Hier sammelt sich meist so einiges an und nicht alles davon brauchst du noch.

Küche

Dosen ohne Deckel

Was nützt dir eine Vorratsdose, wenn der Deckel fehlt? Sofern du den Behälter nicht anderweitig nutzen kannst, trenne dich von Dosen ohne Deckel.

Küchentücher/Geschirrtücher

Wenn du nur ein bisschen so bist wie ich, dann hast du auch eine Schwäche für hübsche Geschirrtücher. Bei uns zu Hause gab es allerdings eine Zeit, in der Küchentücher im Übermaß vorhanden waren. Ich habe es mir zur Routine gemacht, diese regelmäßig auszusortieren, wenn sie ihre besten Zeiten gesehen haben. Und denke daran: Baumwolltücher kannst du sehr gut auch noch als Putztücher verwenden. Zum Beispiel zum Schuhe- oder zum Fensterputzen.

Küchenhelfer

Hand aufs Herz: Wie viele Kochlöffel besitzt du und wie viele davon nutzt du wirklich? Dasselbe gilt für Dosenöffner, Siebe, Schöpfkellen etc. Einmal Küchenlade auf und ran ans Ausmisten! Trenne dich von doppelten Utensilien.

Abgelaufene Lebensmittel

Ein Blick in den Kühlschrank und vor allem auch in den Vorratsschrank hilft, um hier Klarheit zu finden. Versuche wirklich immer mit Plan einzukaufen, dann vermeidest du abgelaufene Lebensmittel.

Spülschwämme und -tücher

Wusstest du, dass du viele Spültücher und -schwämme in der Waschmaschine oder sogar in der Spülmaschine waschen kannst? Wenn sie aber verbraucht sind oder übel riechen, bitte aussortieren! Sie können nämlich eine wahre Brutstätte für Keime und Bakterien sein, und das wollen wir bestimmt nicht in unserem Zuhause!

Geschirr

Falls du überflüssiges Geschirr hast, kannst du es auf jeden Fall spenden. Informiere dich, welche Einrichtungen in deiner Nähe Sachspenden annehmen. Das gilt natürlich nicht nur für Geschirr!

Haushaltsgeräte

Mal ehrlich, wenn du nie Smoothies mixt, dann freut sich bestimmt jemand anderes mehr über deinen Smoothie-Mixer, oder? Geh in Ruhe deine Haushaltsgeräte durch und mustere aus, was du nicht benutzt.

Dies und das, das auch gehen darf

Bastelzubehör

DIY-Queens und -Kings sammeln gerne einiges an Bastelmaterial an. Ab und zu schadet es nicht, alles auszuräumen und auszumisten. Manches kannst du bestimmt verschenken, wenn du es nicht mehr benötigst.

Handtücher

Muffelig riechende Handtücher sind definitiv ein Fall für „Darf gehen!". Oft vergisst man, Handtücher regelmäßig auszumustern, aber auch sie haben irgendwann ihre besten Jahre gesehen.

Kosmetik

Wie viele Lippenstifte in derselben Farbe benutzt du wirklich? Vermutlich kannst du dich von so manchem trennen. Diese eine Spezialcreme, die angebrochene Lotion – nimm dir kurz Zeit und prüfe deinen Kosmetikschrank. Ich bin sicher, du findest vieles, was du ausmustern kannst. Wenn nicht: Perfekt gehaushaltet!

Medikamente

Der Medizinschrank oder die Medikamentenbox muss ohnehin regelmäßig ausgemistet werden. Starte am besten jetzt damit. Stelle dir deinen 10-Minuten-Timer und los geht's! Abgelaufene Medikamente haben hier nichts mehr verloren und müssen entsorgt werden. Tipp: Schaue bei dieser Gelegenheit gleich nach, ob du Nachschub an Basics brauchst wie Pflaster, Wundspray etc.

Krimskrams im Auto
Die kleinen Ablagefächer im Auto sind manchmal wie Magneten für Kram. Nimm dir kurz Zeit, auch hier auszumisten und für Ordnung zu sorgen.

Deko
Deko-Minimalisten brauchen diesen Schritt vielleicht nicht. Allerdings sammelt sich bei Interieur-Begeisterten doch so einiges an über die Jahre. Nicht alles davon passt perfekt ins Zuhause oder der eigene Stil verändert sich mit der Zeit. Dann: Versuche es zu verkaufen, zu spenden oder einfach zu verschenken!

Spielzeug
Hier gibt es zwei Optionen: Spielzeug, das wirklich nicht mehr genutzt wird, aus dem die Kinder herausgewachsen sind, wird gespendet oder verkauft. Wenn du aber einfach das Kinderzimmer mal wieder ausmisten willst, gibt es einen tollen Trick: Spielsachen, die länger nicht in Gebrauch waren, in eine Kiste und ab in den Keller. Nach ein paar Wochen kommt die Kiste wieder rauf und was anderes wandert rein. So haben (vor allem jüngere) Kinder immer das Gefühl, etwas Neues zu entdecken, und manchmal muss man Sachen auch ein bisschen vergessen, damit man sie wieder schätzt, wenn sie zurück sind.

Krimskrams-Lade
Jeder, absolut jeder hat diese Lade. Glaube mir, selbst die aufgeräumtesten Wohnungen der Ordnungsprofis. Es kommt nur darauf an, ob diese Krimskrams-Lade im Rahmen bleibt oder außer Kontrolle gerät. Nimm dir zehn Minuten Zeit und räume alles aus der Lade. Sortiere nach Kategorien und miste aus!

Einkaufstaschen und -tüten
Ein Tipp, wie Einkaufstüten gar nicht erst überhandnehmen: Falte deine Taschen und Tüten zu kleinen Päckchen und bewahre sie aufgestellt auf – nach dem File-Folding-Prinzip. So behältst du besser den Überblick. Papiertaschen kannst du auch für deinen Biomüll verwenden!

Stoffservietten und Tischwäsche
Überlege mal: Wie viele deiner unterschiedlichen Tischwäsche-Sets (sofern du mehrere hast) nutzt du wirklich? Ich bin sicher, auch hier wirst du einiges finden, was in deinem Zuhause unnötigen Platz einnimmt.

Gedanken ausmisten
Immer wieder wichtig: Nicht nur Dinge solltest du regelmäßig entrümpeln, sondern auch Gedanken, die dich beschäftigen. Eine kleine, praktische Übung hierzu ist der „10-Minuten-Brain-Dump“: Schreib alle Ideen, Gedanken, Sorgen, Projekte, die in deinem Kopf herumschwirren, auf. So sind sie erst mal aus dem Kopf „rausgeschrieben“ und du kannst leichter Klarheit finden, deine Gedanken sortieren, wenn du sie vor dir auf Papier siehst. Bonus: In deinem Kopf wird wieder Platz gemacht!

Das Programm zum Ausmisten in 5 Schritten

Glaube mir, in jedem Haushalt gibt es sie: die Ramschschubladen, Krimskrams-Fächer und Geschirrladen, die man lieber nicht so gerne öffnet. Du bist nicht allein! Ich persönlich nehme mich auch regelmäßig an der Nase, und selbst wenn unsere Schubladen meist gut organisiert sind – Optimierungsbedarf gibt es eigentlich fast immer.

Ein Beispiel aus unserem Haushalt: Den Hauptteil unserer Trinkgläser und Tassen, die täglich in Gebrauch sind, bewahren wir in einer großen Schublade in der Küche auf. Da wir uns bei der Küchenplanung ganz bewusst gegen Oberschränke

entschieden haben, steht uns nur begrenzter Stauraum zur Verfügung. Völlig ausreichend und gleichzeitig eine wirklich große Hilfe dabei, alles im Überblick zu behalten und nicht ausufernd vollzustopfen. Die Schublade für diese Gläser und Tassen ist natürlich eine der meistgenutzten in der Küche. Ich habe sie mal als Beispiel für dich genommen, um dir im Folgenden daran zu zeigen, wie du am besten beim Ausmisten vorgehen kannst. Wenn du vielleicht, so wie ich, zu einer leichten (bis obsessiven) Tassensammelleidenschaft neigst, kennst du vermutlich das Gefühl, wenn du „zu viele Tassen im Schrank hast". Nach demselben Prinzip, wie ich da reduziere, gehe ich bei allen Bereichen vor, die ich ausmisten möchte. Also, legen wir los!

Schritt 1: Alles ausräumen

Ganz egal, welchen Bereich du ausmisten möchtest, der erste Schritt ist immer: einmal alles raus. Stelle dir am besten schon vorab deine Reinigungsmittel bereit und eventuell auch gleich zwei Kisten für die Dinge, von denen du dich trennen wirst.

Schritt 2: Sauber machen

Im zweiten Schritt reinigen wir erst mal alles gründlich. Schublade, Kastenfach oder was auch immer du ausmistest, zunächst gut aussaugen und dann wischen. Mein Tipp: Wenn du an einer Küchenschublade arbeitest, nutze Einlegematten, die den Boden schonen. Weiteres Plus: Geschirr rutscht weniger in der Lade, wenn du eine Matte einlegst. Und Schubladentrenner (zum Beispiel aus Holz) sorgen für noch mehr Ordnung und Übersicht.

Schritt 3: Überblick verschaffen

Nachdem du jetzt alles aufgeräumt und geputzt hast, siehst du deine Schätze vor dir. Nun kannst du dir einen Überblick verschaffen über die Dinge, die du besitzt. Ich finde diese visuelle Komponente

sehr wichtig, denn oft vergisst man schnell, was man so alles hat. So fällt es auch leichter, zum nächsten Schritt überzugehen, nämlich Kategorien zu bilden.

Schritt 4: In drei Kategorien teilen

Beim Sortieren gehe ich immer nach drei Kategorien vor, in die ich die auszumistenden Stücke einteile:

Kategorie 1: Behalten
Kategorie 2: Spenden/Verkaufen/Verschenken
Kategorie 3: Entsorgen

In unserem Beispiel der Tassen und Gläser - aber ebenso bei Kleidung, Deko, Spielsachen etc. - gilt: Überlege bei jedem Stück gut, ob du es wirklich verwendest. Wir tendieren dazu, lieber mehr zu behalten „für irgendwann mal". Gerade bei Kleidung ist das oft ein Thema, vielleicht kennst du das ja wie oben schon gesagt auch von dir selbst: „Irgendwann mal werde ich diese Jeans/dieses Kleid/Shirt sicher wieder anziehen. Ich hebe es sicherheitshalber noch auf!" Ich kann dir versichern, in den wenigsten Fällen trifft das wirklich zu. Bei Kleidung finde ich folgenden Leitsatz ganz gut: Alles, was ich im letzten Jahr nicht getragen habe, macht mir offensichtlich nicht so viel Freude, dass ich es unbedingt in meinem Kleiderschrank haben muss.

Nachdem du nun weißt, welche Dinge du wirklich in deinem Zuhause behalten möchtest, kannst du die übrigen Dinge in die Kategorie 2 und 3 aufteilen. Denk daran: Ist etwas noch gut instand, macht es vielleicht jemand anderem Freude. Verschenken, Spenden oder auch Verkaufen sind immer gute Optionen und auf jeden Fall die bessere Wahl,

statt Dinge wegzuwerfen. So schenkst du deinen vorgeliebten Sachen ein zweites Leben, und das trägt wiederum zu mehr Nachhaltigkeit bei.

Schritt 5: Einräumen und Dekorieren

Jetzt ist es endlich so weit: mein Lieblingspart, das Einräumen und Dekorieren. In diesem Schritt geht es vor allem darum, die Gegenstände so einzuordnen, wie sie dir im Alltag am meisten Zeit sparen und täglichen Situationen standhalten. Es ist wenig sinnvoll, etwa alles nach Farben zu sortieren, wenn das in der Praxis keinen Zweck erfüllt oder sogar weniger übersichtlich wird. Am Beispiel unserer Tassen- und Gläserschublade: Wassergläser benötigen wir jeden Tag. Sie sind daher ganz links eingeordnet, weil sie so näher am Wasserhahn und an unserem Wassersprudler sind, als wenn sie ganz rechts stünden. Bei einer 80 Zentimeter breiten Schublade und durstigen Familienmitgliedern fällt so eine Kleinigkeit ins Gewicht, glaube mir! Versuche, praktisch zu denken und bei jedem Organisationsschritt die tatsächliche Alltagssituation vor Augen zu haben. So kannst du das Optimum aus jedem Schrank/jeder Lade rausholen.

Nachdem du dich von jenen Gegenständen getrennt hast, die du nicht in deinem Zuhause brauchst oder haben möchtest, habe ich dazu im nächsten Kapitel die passenden Organisationstipps für dich.

Mein Grundsatz: Umgib dich mit Dingen, die dir entweder nützlich sind oder eine Bedeutung haben. So entsteht ein Mix aus Funktionalität und Wohlfühlwohnen.

THE KINFOLK HOME
CEREAL

„Wenn alles seinen fixen Platz hat,
fällt das Aufräumen leichter.“

USB-STICKS
BATTERIEN

Mach's dir leichter: Alles hat seinen Platz

Wir alle wissen: Aufgeräumte Räume sind toll. Dieses Gefühl, wenn alles schön ordentlich ist, einfach unbezahlbar, nicht wahr? Doch Ordnung halten? Auf Dauer? Uff, schwierig. Ich bin definitiv ein ordnungsliebender Mensch. Allerdings ist es bei uns wie gesagt nicht immer perfekt, das ist ganz klar. Schließlich leben wir nicht in einem Museum.

Es gibt aber ein paar richtig gute Tricks und (du hast es bestimmt erraten) Gewohnheiten, die dir helfen können, auf Dauer mehr Ordnung zu halten. Einer dieser Tricks ist, ein Grundordnungssystem einzurichten, das dich unterstützt. Für mich ist ein Grundpfeiler dieses Systems der Leitsatz „Alles hat seinen Platz, sein Zuhause". Wenn die Dinge ihren fixen Platz haben, fällt das Aufräumen einfach leichter und geht um einiges schneller von der Hand. Plus: Dieses Ordnungssystem ist für jedes Familienmitglied leicht einzuhalten. Und wenn alles sein festes Zuhause hat, dann gelingt das Aufräumen letztendlich viel besser.

Das ist auch eine Routine, die für unsere Familie am hilfreichsten im täglichen Alltag und in der Umsetzung ist. In unserem String®-Regal in der Küche gibt es beispielsweise eine Schublade, die ich mit kleinen Boxen ausgestattet habe. Diese haben die perfekte Größe, um Batterien bzw. USB-Sticks, Speicherkarten etc. aufzubewahren. Sämtliche Familienmitglieder wissen somit, wo neue Batterien zu finden sind, und wir sparen uns erstens langes Suchen und zweitens herumliegenden Kleinkram. Das ist nur ein Beispiel dafür, wie sinnvoll es ist, den Dingen ein festes Zuhause zu geben.

Jeder Gegenstand braucht ein Zuhause

Ich empfehle immer, zuerst den vorhandenen Platz zu evaluieren oder, wenn du ein neues Möbelstück anschaffst, genau zu überlegen, wie du es nutzen kannst. Schicke Boxen zu kaufen, nur weil sie hübsch und dekorativ aussehen – davon bin ich kein Fan, denn das finde ich nicht sehr effizient. Meine Vorstellung von Minimalismus bedeutet in diesem Fall, gut überlegt Ordnungshelfer zu kaufen oder vorhandene zu verwenden. Wenn du viele Gegenstände hast, die oft herumliegen oder von A nach B wandern, dann ist jetzt die beste Gelegenheit, ihnen einen fixen Platz zuzuweisen.

Beantworte dazu Schritt für Schritt die folgenden Fragen:

1. Welche Gegenstände brauchen ein neues Zuhause?
2. Wie kann ich diese Gegenstände in Kategorien fassen?
3. Welchen Platz habe ich zur Verfügung (immer vorher gut ausmessen!)?
4. Wie viele Boxen/Kisten/Behälter habe ich bereits zur Verfügung?
5. Welche/wie viele Boxen/Kisten/Behälter brauche ich noch?
6. Hilft es mir/meiner Familie, wenn die Boxen beschriftet sind?
7. Wie beschrifte ich sie, damit es für Kinder und Erwachsene verständlich ist?
8. Lässt sich das neue System im Alltag gut umsetzen (Gegenstand in der Nähe des Einsatzortes)?

Deine neue Routine: Zurück an den Platz!

Wenn du für deine Gegenstände/eine Gruppe/Kategorie von Dingen ein neues Zuhause gefunden hast, geht es ans Beibehalten. Wenn du es dir zur Routine machst, alles nach Benutzung wieder zurück an seinen Platz zu räumen, wirst du auf Dauer eine Verbesserung in der Grundordnung sehen. Dein Partner und deine Kinder werden vielleicht nicht sofort diese neue Routine umsetzen. Vor allem, wenn da die Vorstellungen von Ordnung oder von deren Wichtigkeit im Haushalt auseinandergehen. Das macht nichts. Neue Gewohnheiten brauchen, wie gesagt, etwas Zeit.

Auch Kinder profitieren enorm von klaren Strukturen. Die „Wieder zurück an den Platz"-Routine kennen sie schon aus dem Kindergarten, denn dort hat jedes Spielzeug einen fixen Wohnort. Gemeinsames Aufräumen und später, wenn die Kinder größer sind, selbstständiges Ordnungmachen gelingt mit System wesentlich leichter. In den Kinderzimmern kann man beispielsweise Boxen und Körbe für Kleinkram nutzen, der dadurch im Nu verstaut ist. Denke dabei jedoch daran, den Raum der kleinen Mitbewohner nachvollziehbar zu organisieren. Denn es hat wenig Sinn, nur hübsche Deko-Stücke aufzureihen, wenn letztlich der Platz für Spielsachen, Sammelstücke & Co. fehlt. Mein Tipp: Nutze die Wände! Gerade bei kleineren Räumen empfiehlt es sich, Wandregale über dem Bett oder einer Kommode anzubringen und so zusätzlichen Stauraum und Deko-Fläche zu schaffen. Eine tolle Kombination aus schön und praktisch sind für mich die Möbel aus der String®-Furniture-Serie. Das kleine Pocket-Regal aus dieser Serie taucht bei uns daheim sowohl in beiden Kinderzimmern als auch in der Küche auf.

Das „Im Moment"-Konzept

Es gibt wahrscheinlich so einige Bereiche in deinem Haushalt, die vielleicht etwas schwierig zu organisieren scheinen. Aber wenn du nach Kategorien einteilst, sortierst und aufbewahrst, kannst du im Grunde jedem Gegenstand ein Zuhause geben. Es muss nur für alle Familienmitglieder nachvollziehbar sein. Ich möchte dir mein System am Beispiel von Medikamenten erklären, denn ich weiß, dass die Ordnung von Hustensaft, Tabletten & Co. für viele meiner Leser ein Graus ist. Das kann ich gut verstehen! Oft scheinen sich diese Gegenstände heimlich zu vermehren und am Ende stehen fünf angebrochene Packungen Hustenstiller im Schrank. Wie behältst du also den Überblick über deine Medikamente und hast im Notfall alles schnell zur Hand? Ich nenne es das „Im Moment"-Konzept. Was bedeutet das? Ganz einfach: Denke am besten ausgehend von dem Moment, in dem du Gegenstand XY benötigen wirst, wenn du die Kategorien für deinen Medikamentenvorrat schaffst. Lass uns das der Reihe nach und Schritt für Schritt durchgehen:

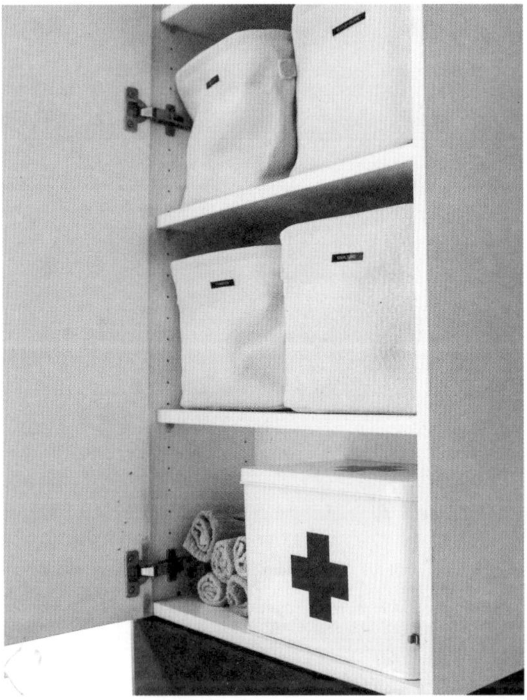

Schritt 1: Evaluieren und Reduzieren
Räume alle Medikamente aus dem Schrank, dem Schub etc., wo du sie bisher gelagert hast. So siehst du auf einen Blick, womit du arbeitest. Nun gehst du jede Packung nach Ablaufdatum durch. Abgelaufene, angebrochene Medizin aussortieren!

Schritt 2: Kategorien bilden mit dem „Im Moment"-Konzept
Der grundsätzliche Gedanke dahinter ist, nicht vom Gegenstand ausgehend zu denken, sondern vom Einsatzmoment desselben. Wenn du also in unserem Beispiel eine Tablettenpackung in der Hand hältst, frag dich nicht, in welche Box, Kiste oder welchen Korb die Packung gut wäre. Überlege stattdessen, in welchem Fall das Medikament zum Einsatz kommen wird. Darauf aufbauend bildest du deine Kategorie. Pro Kategorie wird ein Korb, eine Box, eine Kiste benutzt. Ich habe bei uns daheim beispielsweise mithilfe des „Im Moment"-Konzepts ausgehend von den Krankheitsfällen Kategorien für die Medikamente gebildet. Danach habe ich Boxen mit den jeweiligen Kategorien beschriftet. In unserer Erste-Hilfe-Box finden wir jetzt Verbandszeug und alles für die Notfallversorgung, Schnitt- und Brandwunden; in jeweils einer weiteren eigenen Box sämtliche Erkältungsmedikamente, Schmerzmittel usw. Das ist auch für die Kinder nachvollziehbar und wir alle sehen auf einen Blick, wo wir bei Bedarf das Fieberthermometer, das Nasenspray oder die Wärmepflaster für Nackenverspannungen finden.

Schritt 3: Einräumen und Beschriften
Ob du deine Boxen beschriftest oder nicht, ist natürlich Geschmacksache. Mein Mann hat mal scherzhaft angemerkt, dass bei uns daheim wohl bald auch die Butter im Kühlschrank beschriftet sein wird. Nun, so extrem bin ich natürlich nicht.

Aber ich finde, gerade in Bereichen, die für alle (großen und kleinen) Familienmitglieder nachvollziehbar sein sollen, helfen Labels sehr. Sämtliche Arzneimittel (in unserem Beispiel) sollten also idealerweise ein eigenes gekennzeichnetes Zuhause haben. Im Alltag sparst du so wertvolle Zeit, die du sonst mit der Suche nach dem richtigen Medikament verbracht hättest. Gerade in Notfällen wirklich wichtig! Ein Tipp noch: Schaue deinen Vorrat regelmäßig nach Ablaufdatum und Bedarf durch. Einiges an Grundausstattung sollte immer im Hause sein und nicht ausgehen.

Ordnung für Schreibtisch, Büro & Dokumente

Wo sind noch mal die Steuerunterlagen? Wo hab ich bloß Rechnung XY hingelegt? Wenn dir diese Fragen ein wenig bekannt vorkommen, dann lass uns ein bisschen über Ordnung in deinen Papieren und Büromaterialien sprechen. Da wir selbst keinen eigenen Büroraum haben, bin ich immer auf der Suche nach praktischen und möglichst flexiblen Lösungen stattdessen. Genau in diese Richtung geht darum auch mein Ordnungssystem für Dokumente, Unterlagen, Akten & Co. Nachdem wir in unserem Zuhause wenig Stauraum dafür zur Verfügung haben, mussten wir kreativ werden. Eine praktische und möglichst schöne Lösung musste da her. Und diese war: die Hängemappen-Box.

Hängemappen

Ich sage dir, ich liebe Hängemappen! Du bekommst sie und die Boxen bzw. Ordner dazu im Bürofachhandel oder online in vielfacher Ausführung. Sie passen selbst in kleine Büronischen und gestapelt nehmen sie kaum Platz weg. Diese Teile sind quasi ein kleiner Aktenschrank zum Mitnehmen, wenn man so will. Die einzelnen Hängemappen haben wir nach Themen eingeteilt und so sind zum Beispiel Belege und Steuerunterlagen schnell zur Hand, wenn die Steuererklärung fällig ist. Für die Struktur der Hängeboxen kannst du wieder mein „Im Moment"-Konzept anwenden. Du erinnerst dich: Gehe von dem Moment aus, in dem du ein bestimmtes Dokument brauchst. Ein Beispiel: Wenn du jedes Mal, sobald die Steuer ansteht, Dokument XY suchst, dann braucht dieses einen Platz in der Hängemappe „Steuer". Nimm hierfür alle deine Unterlagen zur Hand und überlege:

- ➜ In welchem Alltagsmoment brauche ich diesen Zettel?
- ➜ Kann er weg?
- ➜ Soll er archiviert werden (z. B. in Ordnern)?
- ➜ Oder brauche ich ihn immer wieder in Situation XY?

Dann ergibt sich ganz automatisch die Kategorie für jedes Dokument. Was kommt also rein in die Hängeboxen? Das ist natürlich sehr individuell. Wir haben folgende Kategorien gebildet, die sich im Alltag sehr bewährt haben:

WOCHENPLAN
TO-DO LISTE
E-MAIL//TERMINE
NOTIZEN // IDEEN

- Basisdokumente (Geburtsurkunden, Meldezettel, Pässe etc.)
- Buchhaltung/Steuer (hier haben mein Mann und ich jeweils eine eigene Hängemappe)
- Wohnen oder Bauen
  - Unterlagen zu Miete oder Kauf
  - Spezifische Versicherungen dazu
  - Alles rund ums Wohnen oder Bauen
- Versicherungen
- Finanzielles
- Gesundheit
- Schule (pro Kind eine Hängemappe)
- Job
- Aus-/Weiterbildung
- Auto
- Haushalt
- Geräterechnungen
- Handy und Internet
- Strom und Heizung
- Kinderkunstwerke
- Ideensammler etc.

Weitere Orga-Helfer

Abgesehen von meinen Papierboxen in meiner Office-Ecke, wo ich Kleinkram, Schreibtischzubehör und Ähnliches aufbewahre, gibt es auch noch einen kleinen Schrank, in dem ich Papier, Schreibwaren und dergleichen organisiert habe. Eine Briefablage mit Schubfächern finde ich besonders praktisch, da ich auch hier mit Beschriftungen arbeiten kann und alles schnell zur Hand habe.

TIPPS GEGEN ZETTELCHAOS

- Post immer sofort öffnen und sortieren
- Nach dem Prinzip arbeiten: Behalten, Wegwerfen, Sortieren
- Die Ablage regelmäßig ausmisten!

Ordnung im Kinderzimmer

Kinder brauchen viel Raum für Kreativität. Damit ist nicht unbedingt flächenmäßiger Platz gemeint im Sinne von riesigen Zimmern. Vielmehr glaube ich daran, dass – egal, wie groß oder klein ein Kinderzimmer ist – der vorhandene Platz am besten genutzt und bespielt werden kann, wenn eine gewisse Grundordnung besteht. Das bedeutet nicht, dass ständig alles picobello aufgeräumt sein muss. Kreativität braucht ein gewisses Maß an Chaos. Allerdings bin ich seit jeher eine Verfechterin des Grundsatzes: In Kinderzimmern darf gespielt, aber auch aufgeräumt werden. Ordnung hilft in einem gewissen Maß Kindern dabei, Platz für ihre eigene Entwicklung zu erhalten. Was meine ich damit? Nun, ich glaube, dass die meisten Kinder vermutlich ihr eigenes Konzept haben, wenn es um ihr kleines Reich geht, und man ihnen im wahrsten Sinne des Wortes den Freiraum geben sollte, das umzusetzen. Ich habe daher schon immer versucht, mich da nicht zu sehr einzumischen. Trotzdem bemühe ich mich, sie darin zu unterstützen, dabei Ordnung zu halten: durch das Schaffen von ausreichendem Stauraum, von einem Grundsystem mit Kategorien, wie etwa „Rollenspiele", „Lego", „Verkleiden", „Kleinkram" etc., und den jeweiligen dazugehörigen Aufbewahrungsmöglichkeiten.

Aufbewahrung und Stauraum

Im Kinderzimmer verstecken Boxen und Körbe wichtigen Kleinkram der Kinder, Spielsachen, Bastelzubehör, die Muschel- und Steinesammlung oder die bei Eltern stets „beliebten" Inhalte aus den kleinen Schokoeiern. Dekorativ und praktisch zugleich finde ich schöne Metalldosen mit Deckel, Klappkisten und auch Pappboxen mit Deckel.

In einem großen Korb mit Deckel bewahren wir größere Spielsachen auf. Auch Stofftiere oder Bausteine kannst du wunderbar in einem hübschen Korb verstauen. Für Kinder ist es zudem hilfreich, wenn sie praktische und einfache Ordnungstools nutzen können. Das erleichtert den Aufräumprozess ungemein und es ist in diesem Fall außerdem noch völlig unwichtig, wie schön oder genau die Kleinen ihre Spielsachen verräumen, denn Körbe und Kisten verstecken alles auf einen Schwung!

Eine kleine Veränderung mit großer Wirkung: Im Kinderzimmer unserer Großen haben wir überm Bett ein String®-Pocket-Regal ergänzt. Zusätzlicher Stauraum für die wirklich wichtigen Dinge unserer Pre-Teens und dabei auch noch richtig dekorativ.

Ebenso wie in unserem Schlafzimmer haben wir in den Kinderzimmern Betten mit Stauraum gewählt. Die beste Entscheidung, denn die Zimmer der Mädchen sind mit je circa zehn Quadratmetern nicht riesig – da will jeder Zentimeter gut genutzt sein! Die riesigen Schubladen beherbergen Stofftiere, die Barbiesammlung, Brettspiele und vieles

hello

mehr. Ein echtes Stauraumwunder! Mein Tipp: Individualisieren und Aufwerten. Wir haben die Griffe an den Schubladen durch Lederschlaufen ersetzt. So gefällt es uns besser und das Möbelstück bekommt gleich noch mal einen persönlichen Touch.

Ständig neu einrichten?

Aber was tun, sobald die Kinder größer werden? Muss ich denn dann alles immer wieder neu einrichten? Jein. Vom Babyzimmer zum Kleinkind- und Schul- bzw. Teeniezimmer klaffen natürlich die Anforderungen an Raum und Platz sehr stark auseinander. Darum kann es sinnvoll und außerdem besser fürs Portemonnaie sein, wenn du von Beginn an eher mit neutralen Möbeln und Accessoires sowie Ordnungssystemen arbeitest. Die weißen Schränke im Kinderzimmer unserer jüngsten Tochter begleiten uns zum Beispiel teilweise schon, seit ihre große Schwester vor zwölf Jahren zur Welt kam. Einiges hat sich natürlich verändert, doch wir mussten nicht alle zwei Jahre neu einrichten, da wir von Anfang an eher auf langlebige, mitwachsende Möbel geachtet haben. Denn: So schön ein Kinderbett mit Rutsche ist, es wird vermutlich nicht sehr lange aktuell bleiben.

Ebenso kann sich mit der Zeit der Stauraum je nach Kategorie und Alter der Kinder unterschiedlich gestalten. War es früher bei uns daheim beispielsweise noch höchst wichtig, sämtliche Puppenkleider und Accessoires sowie große Lego-Bausteine zu verstauen, so gibt es mittlerweile andere Prioritäten. Frag nicht, wie viele (natürlich völlig verschiedene) Radiergummis, Haarschleifen, Muscheln usw. unsere Töchter besitzen. Nein wirklich, frag nicht, denn ich weiß es nicht! Das ist auch okay so, denn diese Sammlereien gehören einfach dazu zum Kindsein, finde ich. Umso wichtiger, dass die kleinen und großen Schätze einen sicheren Platz bekommen. Das hilft auch den Kindern dabei, den Überblick zu behalten.

Kinderzimmer-Abendroutine
Abends gilt bei uns die Regel: Kinderzimmerboden aufräumen, Spielsachen zurück an ihren Platz! Das klappt meist ganz gut und so kann sich das Riesenchaos gar nicht erst ausbreiten. Eine kleine Routine, die wiederum sehr wirkungsvoll und erleichternd sein kann.

Ordnung in der Küche

Die erste Priorität, wenn es um die Familienküche geht: Sie soll schnell und lecker, dabei noch möglichst ausgewogen sein. Glaub mir, am besten gelingt das erfahrungsgemäß durch gute Organisation im Vorratsschrank und mit einem Speisenrad. Letzteres bedeutet im Grunde nichts anderes, als dass die Lieblingsgerichte der Familie abwechselnd bzw. im Uhrzeigersinn/im Rad immer wieder gekocht werden. Meal Planning bzw. ein Wochenspeiseplan ist ein Weg, wie du mehr Organisation und Effizienz in die Mahlzeiten bringen kannst.

Die Vorratsschrank-Küche
Falls du nicht der Typ Wochenplan bist: Ein richtig ausgestatteter Vorratsschrank mit Grundnahrungsmitteln ist die beste Basis für das Pantry Cooking, zu Deutsch etwa „Vorratsschrank-Mahlzeiten". Das ist eine Sammlung an Gerichten, die wir eigentlich immer spontan zubereiten können, da unser Vorratsschrank gut ausgestattet ist. Das Gefrierfach spielt hierbei auch eine wichtige Rolle.

Montags erledigen wir immer den Wocheneinkauf. Generell versuchen wir, unsere Gerichte für die Woche so zu planen, dass wir auf dem Einkaufszettel (abgesehen von Basics für den Vorratsschrank) nicht mehr viel aufschreiben müssen. Sprich: Was kann ich kochen aus all den Dingen, die schon zu Hause sind, und was brauche ich noch dazu? Diese Art zu kochen, schont nicht nur den Geldbeutel, sondern ist auch recht zeiteffizient, wie ich finde. Unnötige Impulskäufe kommen so erst gar nicht zustande.

EAT
DRINK
NAP

Damit das Pantry Cooking auch funktioniert, braucht es einen gewissen Grundstock an Lebensmitteln, Basics, die immer im Vorratsschrank und Kühlschrank sein sollten. Das kann bei dir ganz anders aussehen als bei uns, aber ich gebe dir mal als Anregung auf der nächsten Seite ein paar Beispiele für Lebensmittel, die wir immer im Haus haben.

Mit diesem Grundstock lässt sich eigentlich immer etwas zaubern. Hinzu kommt dann noch frisches Obst und Gemüse der Saison vom Wocheneinkauf sowie auch mal Joghurt, Topfen/Quark, Kräuter (im Sommer vom Balkon) etc. Im Gefrierschrank habe ich ständig einen Vorrat an vorgekochten Saucen, Suppen, Brot, gekochten Nudeln, geriebenem Käse, Würstchen und ab und zu Fleisch. Vieles koche ich außerdem in größerer Menge und friere es auf Vorrat ein.

BASICS FÜR DIE VORRATSHALTUNG

- ➜ Mehl
- ➜ Zucker
- ➜ Nudeln (in allen Variationen)
- ➜ Reis
- ➜ Couscous
- ➜ Grieß
- ➜ Dosentomaten
- ➜ Tomatenmark
- ➜ Kichererbsen
- ➜ Kokosmilch
- ➜ Milch
- ➜ Butter
- ➜ Eier
- ➜ Käse
- ➜ Parmesan
- ➜ Olivenöl
- ➜ Essig
- ➜ Sojasauce
- ➜ Nussmus
- ➜ Senf
- ➜ Zwiebeln
- ➜ Knoblauch
- ➜ Kartoffeln
- ➜ Karotten
- ➜ Gewürze
- ➜ Kaffee
- ➜ Backkakao
- ➜ Backpulver
- ➜ Hefe
- ➜ Nüsse (ganz und gemahlen)

Saftige Kokosmehl-Brownies

Bei uns vergeht eigentlich kein Tag, an dem die Kinder nicht nach etwas Süßem fragen. Da gerät man als Mama durchaus zwischendrin an den Rand der Verzweiflung – wer schon einmal Kinder im Zuckerschock erlebt hat, weiß, wovon ich spreche. Ein Mittelweg daraus sind meine Kokosmehl-Brownies: Sie sind ein guter Kompromiss aus einerseits extrem schokoladig und süß und anderseits etwas weniger Kohlehydraten und ohne Extrazucker. Statt Zucker verwenden wir Ahornsirup, statt Butter Kokosöl und statt Weizenmehl Kokosmehl. Ach ja, und geschmacklich kann die „gesunde" Alternative 100-mal mit dem Original mithalten – meine beiden Mini-Kuchentesterinnen futtern jedes Mal sofort das halbe Brownie-Blech leer.

Zutaten

60 g Kokosmehl
60 g Kakaopulver (Backkakao ungesüßt)
1 Prise Backpulver
1 Prise Salz
4 Eier
100 ml Ahornsirup
1 Prise gemahlene Vanille oder etwas ausgekratztes Mark aus einer Vanilleschote
2 TL Sauerrahm (saure Sahne)
120 ml Kokosöl
50–60 g dunkle Schokolade, grob gehackt (70 % Kakaogehalt oder dunkler)

Außerdem

Brownie-Form

Zubereitung

1. Den Backofen auf 175 °C Ober-/Unterhitze vorheizen. Die Brownie-Form mit Backpapier auslegen. Dazu das Papier in Form schneiden und an zwei Seiten überstehen lassen, so kann man später die Brownies ganz einfach herausheben.

2. Das Mehl mit dem Kakaopulver, Backpulver und Salz vermengen.

3. Die Eier, den Ahornsirup, die Vanille und den Sauerrahm mit dem Mixer oder per Hand verrühren. Das Kokosöl schmelzen und etwas abkühlen lassen. Anschließend nach und nach zur Eiermasse geben und verrühren.

4. Dann die Mehlmischung zur Eiermasse geben und alles kurz zu einem Teig vermengen, dabei nicht zu viel rühren.

5. Zwei Drittel der gehackten Schokolade unterheben. Den Teig in die Brownie-Form gießen, glatt streichen und mit der restlichen Schokolade bestreuen.

6. Den Brownie-Kuchen im vorgeheizten Backofen etwa 18 Minuten backen. Die Stäbchenprobe machen, die Konsistenz sollte fast trocken, aber etwas krümelig sein. Den fertig gebackenen Kuchen kurz abkühlen lassen. Danach in kleine Quadrate schneiden und die Brownies servieren.

TIPP

Eine Kugel Vanilleeis schmeckt hervorragend dazu!

Apfelnockerl mit Zimt

„An apple a day keeps the doctor away" heißt es nicht umsonst, denn Äpfel (von denen es rund 30.000 Sorten geben soll!) sind echte Fitmacher. Zugegeben, wenn man Gala, Jonagold & Co. in Süßspeisen packt, gleicht sich der „Gesundfaktor" wieder etwas aus. Aber dafür machen sie in Form meiner Apfelnockerl mit Zimt bestimmt auch die jüngsten Familienmitglieder satt und glücklich. Und sie sind auf jeden Fall ein schnell gemachtes Essen. Für dieses Rezept habe ich die Äpfel geschält, weil wir die gekochte Schale darin nicht besonders gerne mögen. Nachdem aber rund drei Viertel der guten Inhaltsstoffe, wie zum Beispiel Folsäure, direkt unter der Schale liegen, verwende ich diese sonst möglichst mit.

Zutaten

2 große Äpfel
optional Zitronensaft zum Beträufeln
1 TL Butter, plus 1 EL mehr
250 g Magertopfen (Magerquark)
3 Eier
250 g Dinkelmehl
½ TL Zimt
Kokosblütenzucker (oder normaler Zucker), Menge nach Geschmack

Außerdem
Spätzlesieb

Zubereitung

1. Die Äpfel waschen und schälen. In kleine, eher dünne Stücke schneiden und beiseitestellen. Damit sie nicht braun werden, kann man etwas Zitronensaft darauftraufeln (aber uns stört das nicht).

2. 1 TL Butter schmelzen und abkühlen lassen. Den Topfen glatt rühren und die Butter unterrühren. Die Eier verquirlen und unter die Topfenmasse rühren.

3. Das Mehl unter die Masse rühren, bis ein eher zäher Teig entsteht.

4. Wasser in einem großen Topf zum Kochen bringen und anschließend die Temperatur etwas reduzieren. Mithilfe des Spätzlesiebs den Teig portionsweise in das Wasser schaben. Die Nockerl kurz aufkochen lassen. Sie sind gar, wenn sie oben schwimmen und etwas heller geworden sind. Dann mit einer Schaumkelle herausnehmen und in einem Sieb abtropfen lassen.

5. Die restliche Butter in einer Pfanne schmelzen und die Apfelstuckchen darin kurz braten. Danach Zimt und Zucker zugeben und gut vermischen. Die Nockerl untermengen und alles zugedeckt bei niedriger Temperatur etwa 5 Minuten ziehen lassen.

TIPP

Du könntest auch ganz leicht Apfelchips selbst machen, indem du die Schalen im Backofen bei niedriger Temperatur trocknest.

Dekorieren & Wohlfühlen

Damit ein Zuhause wohnlich wird, braucht es meiner Meinung nach keine dezidierten Gegenstände oder Stilrichtungen. Wohnen ist in erster Linie individuell. Ich liebe den nordischen Stil, finde Japandi ganz wunderschön und mag die Farben Weiß und Beige in all ihren Schattierungen. Das bedeutet nicht, dass ich unser Zuhause 100 Prozent einem einzigen Einrichtungstrend zuordnen würde. Vielmehr geht es darum, den eigenen Stil zu finden, sich so einzurichten, dass der Wohnraum die bestmögliche Kombination aus optisch ansprechend und funktional erfüllt. Meine Vorstellung von gemütlichem Interieur steht dabei nicht in Konkurrenz mit meiner Idee von Minimalismus. Ganz im Gegenteil! Ich finde, ein Zuhause braucht oft nicht viel, um zum Wohlfühlort zu werden. Allerdings bin ich davon überzeugt, dass es etwas Zeit braucht, bis man weiß, wie ein Raum eingerichtet sein soll, um die eigenen Ansprüche zu erfüllen. In eine fix und fertig eingerichtete und dekorierte Wohnung einzuziehen, könnte ich mir niemals vorstellen. So etwas darf sich entwickeln und entstehen. Individuelle Wohnbedürfnisse sind meist nicht sofort klar. Im Sinne der Nachhaltigkeit lautet mein Deko-Leitsatz da wie schon erwähnt: „Work with what you have." Also erst mal mit dem arbeiten, was schon da ist. Statt Unmengen an Dingen zu kaufen, finde ich es sinnvoll, zuerst eine Weile zu wohnen, um dann zu wissen, was ein Raum in der Praxis wirklich braucht.

Bevor du einen Bereich gestaltest, stelle dir folgende Fragen:

- ➜ Wie nutze ich diese Ecke?
- ➜ Brauche ich einen Platz zum Sitzen und Lesen oder ist mir das weniger wichtig?
- ➜ Ist ein runder Esstisch nur schön oder ist er alltagstauglich für meinen Lebensstil?
- ➜ Möchte ich diesen Beistelltisch nur kaufen, weil er mir auf Social Media/in einer Zeitschrift gefallen hat oder weil er zu mir passt?

Abwechslung: Deko einmal durchmischen bitte!

Ich liebe es, wenn ein Raum mit wenigen Handgriffen ein neues Gesicht bekommt. Darum plädiere ich ganz stark für einen kleinen Deko-Fundus, mit

dem man Möbel & Co. unaufwendig verändern kann – wenige, aber sinnvolle Investitionen, die sich wirklich lohnen und langfristig Abwechslung bringen:

Abnehmbare Couchbezüge

Unser Sofa hat vor einer Weile einen Farbwechsel verpasst bekommen. Dafür mussten wir in kein neues Möbelstück investieren, lediglich in andere (waschbare) Couchbezüge, in diesem Fall in Beige. Von Grau zu Natur – so haben wir mit wenigen Mitteln für frischen Wind im Wohnzimmer gesorgt. Das Beste: Unsere Bezüge sind extrem widerstandsfähig und wie gesagt waschbar. Sehr empfehlenswert mit Kindern und auch mit Haustieren oder wenn du so tollpatschig wie ich bist und garantiert ständig irgendetwas verschüttest!

Kissenbezüge

Einmal die Couchkissen neu beziehen und schon bringst du Abwechslung ins Zuhause. Ich empfehle eine kleine Auswahl, die du immer wieder tauschen kannst.

Vasen

Du brauchst nicht 50 Vasen, um dein Zuhause abwechslungsreich zu dekorieren. Ein feiner Fundus an wirklichen Lieblingsstücken, die du jeweils neu mit frischem Grün und Blumen oder auch Ästen befüllst – das verleiht gleich ein anderes Flair!

Multifunktionale Deko, die mehr kann

Ich liebe Deko! Allerdings bin ich sehr achtsam mit den Stücken, die ich anschaffe. Denn auch bei Wohnaccessoires möchte ich nicht wahllos ansammeln – und damit noch mehr Dinge in Ordnung halten müssen. Und ich möchte möglichst nicht zu viele Deko-Stücke, die nur den einen Zweck erfüllen, dass sie gut aussehen und uns (okay, hauptsächlich mir) Freude machen. Natürlich gibt es die auch in unserem Zuhause, aber besonders gerne dekoriere ich mit Schalen, Tabletts

und Ähnlichem, denn sie dienen meist mehreren Zwecken und sind sehr wandelbar. Ich finde es am schönsten, wenn Deko multifunktional oder zumindest variabel einsetzbar ist. Ein Tablett mit Griff zum Beispiel kann verschiedene Funktionen erfüllen: als Serviertablett, als mobiles Büro, als Deko-Tablett und vieles mehr. Somit lohnt sich da die Investition in die beste Qualität, die du dir leisten kannst. Du wirst lange daran Freude haben.

Weniger ist mehr

Unser Schlafzimmer beispielsweise ist nicht riesig, aber völlig ausreichend. Wir haben den Platz für uns optimal genutzt. Ein großer Kleiderschrank plus ein Wandschrank mit viel Stauraum: Fokus auf das Wesentliche! Und: Für mich persönlich ist das Schlafzimmer vor allem ein Raum zum Auftanken. Ablenkungen möchte ich hier vermeiden. Aus diesem Grund hält sich in diesem Zimmer bei uns die Deko meist sehr in Grenzen – und es ist weniger zu putzen und aufzuräumen.

Zusatztipp: Es müssen nicht immer klassische Nachttische sein. Mit ein wenig Kreativität lassen sich Kleinmöbel wie ein Schubladenkästchen aus Holz wunderbar zweckentfremden. Sehr hübsch als kleine Ablage finde ich auch einen Stapel Bücher oder Magazine neben dem Bett oder einfach einen schlichten Hocker. Oft braucht es nicht viel, um einen Bereich funktional und gleichzeitig schön zu dekorieren – weniger ist mehr!

In wenige, aber die richtigen Dinge investieren: Unser Bett haben wir nach den Kriterien Form und Funktion gewählt. Die Bettschubladen sind ein wahres Stauraumwunder und darin verschwinden sämtliche Bettlaken und Bezüge. Wenn es um die Matratze geht, kann ich dir nur ans Herz legen, hier nicht zu sparen. Schließlich verbringen wir einen erheblichen Teil unseres Lebens darauf! Auch hier gilt der Grundsatz: Kaufe immer die beste Qualität, die du dir leisten kannst. Dasselbe gilt für dein Kopfkissen und die Decke. Somit vermeidest

du den Aufwand, dir Neues anschaffen und Altes entsorgen zu müssen.

Brich mit Traditionen!

Am Beispiel Badezimmer möchte ich dir den folgenden Deko-Vorschlag demonstrieren: Denke ein wenig über die Grenzen hinaus und brich einfach mal mit Traditionen. Klassische Badezimmermöbel gibt es in schier unendlicher Auswahl. Aber wer sagt denn, dass es immer der klassische Waschtisch mit Spiegelschrank sein muss? Wir haben uns bei der Renovierung unseres Badezimmers bewusst gegen „normale" Nassraummöbel entschieden. Für diesen Ort wollten wir etwas mehr Natürlichkeit und Wärme, gleichzeitig mussten wir für reichlich Stauraum sorgen, denn das Badezimmer ist nicht gerade riesig. Die größte Herausforderung: die Waschmaschine. In unserem Badezimmer gibt es keinen speziellen Platz bzw. zusätzliche Fläche dafür und für einen Trockner, einen extra Hauswirtschaftsraum haben wir ebenso wenig. Das war für uns allerdings nie ein Kriterium für oder gegen die Wohnung. Aus Platzgründen und auch aus Umweltgründen haben wir uns gegen einen Trockner entschieden. Trotzdem blieb noch immer die Waschmaschine als kleines Problemkind, denn Deko-technisch sieht so ein Gerät natürlich nicht gerade ansprechend aus. Also wurden wir kreativ und haben kurzerhand Küchenschränke fürs Badezimmer umfunktioniert. Der große Vorteil: ein Unterschrank, der speziell für die Waschmaschine vorgesehen ist und das Gerät einfach hinter einer schönen weißen Front verschwinden lässt. Für zusätzliche Wohlfühlatmosphäre sorgt die Holzplatte – eine ganz normale Küchenarbeitsplatte auf Maß, die wir so wie in der Küche regelmäßig schleifen und ölen.

Einfache Deko: Lass die Natur ins Haus!

Ich liebe natürliche Elemente und Naturmaterialien im Wohnraum. Holz, Korbgeflechte, Papier werten jedes Zuhause auf – und Pflanzen! Ganz egal, ob du einen grünen Daumen hast oder nicht: Blumen in der Vase, ein Zweig oder Gräser machen bereits einiges her. Im Zweifelsfall einfach zu Trockenblumen greifen. Für mich aber immer noch die allerschönste Deko: Wiesenblumen und Waldfunde. Die kosten nichts und bringen sofort ein Stück Natur ins Haus. Mein Tipp für deine Blumenvasen: Immer gut reinigen, bevor du neue Blumen hineinstellst. Zum Beispiel mit Gebissreiniger, damit kannst du Vasen wunderbar sauber bekommen. Probier es aus!

Besondere Stücke schaffen Individualität
Ich bin kein Fan von Deko-Clutter, sprich Krimskrams, der Regale zum Überlaufen bringt – und (mehr) Unordnung ins Zuhause. Souvenirs von Reisen in rauen Mengen, bunter „Nippes“ und Klimbim, all das wird man bei uns nicht finden. Es gibt aber ein paar wenige Gegenstände bei uns daheim, die einen sehr persönlichen Hintergrund haben und deren Funktion nicht pure Deko, sondern so viel mehr ist. Neben einer Auswahl an besonderen Familienfotos ist das zum Beispiel unsere Vintage-Schreibmaschine. Wir haben sie extra für unsere Hochzeit gesucht und gefunden, denn sie sollte einen speziellen Zweck erfüllen. Die Schreibmaschine war unsere Gästebuchstation und jeder Hochzeitsgast konnte ein paar Zeilen an uns verfassen, die dann gesammelt das Gästebuch bilden sollten. Wenn ich an der Schreibmaschine im Wohnzimmer vorbeigehe, erinnere ich mich jedes Mal an unseren Hochzeitstag. Das ist das schönste Geschenk, das mir ein Gegenstand machen kann! Wenn du solche Stücke gezielt einsetzt, verleiht das deinem Stil Individualität, ohne zu überfrachten.

Wohlfühlinseln schaffen

Wenn zu Hause eine gewisse Grundordnung herrscht und du nicht gefühlt ständig am Aufräumen bist, weißt du, was dann passiert? Etwas richtig Tolles! Du kannst dann zu Hause einfach genießen. Das klingt doch wunderbar, oder? Wenn du nur ein klein wenig so bist wie ich, dann kannst du nämlich nicht sehr gut entspannen, wenn rund um dich Chaos herrscht oder du im Augenwinkel diesen nervigen Papierstapel siehst, den du schon längst mal einordnen wolltest. Wohlfühlinseln zu schaffen, gehört für mich unbedingt zu einem gelungenen Wohnraum dazu. In unserem Fall sind das zum Beispiel Leseecken. Wir lieben Bücher. Auch wenn wir regelmäßig ausmisten, gehören Bücher einfach in unser Zuhause. Vielleicht richtest du für dich auch so eine ruhige Ecke ein.

Noch so ein Platz ist für mich die Terrasse. Eindeutig einer meiner Lieblingsorte in den warmen Monaten und im Herbst! Ich liebe es einfach, hier gemütlich Kaffee zu trinken, zu lesen, einfach mal nichts zu tun. Unsere Terrasse ist mit zehn Quadratmetern nicht riesig, aber völlig ausreichend. Eine kleine grüne Oase, die nicht aufwendig zu pflegen ist und trotzdem sehr viel Lebensqualität schafft. Der große Vorteil: Hier braucht es nicht viel Deko, denn die Pflanzen, neutrale Outdoor-Möbel und ein paar Blumentöpfe machen das Freiluft-Wohnzimmer schon so richtig gemütlich. Mein Tipp: Mit einer solarbetriebenen Lichterkette schaffst du selbst auf dem kleinsten Balkon abends eine richtig schöne Atmosphäre.

Egal, wie deine Ruheoase aussieht: Gestalte diesen Ort ganz bewusst als gemütlichen Wohlfühlplatz. Unsere Terrasse ist für mich genau das: Hier kann ich auftanken!

Herrlich luftige Zimtknoten

Zum Gutgehen gehört für mich auch dazu, dass man sich mal die eine oder andere leckere Besonderheit gönnt. Wie wäre es zum Beispiel mit herrlich luftigen Zimtknoten? Nicht nur in den Wintermonaten ein köstliches Backwerk. Unser Lieblingsrezept für Zimtknoten möchte ich gerne mit dir teilen. Eine kleine kulinarische Wohlfühloase, ich hoffe, du kannst sie genauso genießen wie wir!

Zutaten

Für den Teig
200 ml zimmerwarme Milch
50 g Zucker
2 Eier
1 Pck. Trockenhefe
200 g zimmerwarme Butter
600 g Mehl, glatt gesiebt, plus mehr zum Arbeiten
1 Prise Salz

Für die Füllung
200 g zimmerwarme Butter
150 g brauner Zucker
2 TL Zimtpulver

Außerdem
Fett für die Form
1 Ei zum Bepinseln

Zubereitung

1. Für den Teig die Milch, den Zucker und die Eier in eine große Schüssel bzw. in die Rührschüssel der Küchenmaschine geben und kurz verrühren. Die Trockenhefe darauf verstreuen und ganz kurz quellen lassen. Danach die Butter in Stückchen und das Mehl sowie das Salz hinzufügen. Alles mit dem Knethaken mit niedriger Geschwindigkeit verkneten.
2. Dann so lange (etwa 10 Minuten) weiter zu einem Teig verkneten, bis er sich sauber vom Rand der Schüssel löst.
3. Den Teig zu einer Kugel formen und in eine bemehlte Schüssel geben. Zugedeckt an einem warmen Ort etwa 45 Minuten gehen lassen.
4. Anschließend die Arbeitsfläche bemehlen und den Teig darauf zu einem Rechteck ausrollen. Tipp: Als Orientierungshilfe für die Größe einfach zwei A4-Blätter nebeneinanderlegen.
5. Für die Füllung die Butter und den Zucker cremig rühren. Den Zimt untermischen. Die Masse mit einer Teigkarte oder einem Palettenmesser auf dem Teig bis zum Rand verstreichen. Die Teigplatte der Länge nach bis zur Mitte und noch mal zur Mitte einfalten und dann in etwa 3 cm breite Streifen schneiden. Die einzelnen Streifen mit dem Messer der Länge nach einschneiden, sodass man sie flechten kann.
6. Jeweils die Streifen flechten und den geflochtenen kleinen Zopf einrollen – so entsteht ein Knoten. Alle Knoten in eine gefettete Muffinform setzen. Mit einem Küchentuch abdecken und an einem warmen Ort 1 Stunde gehen lassen.
7. Den Backofen auf 190 °C Ober-/Unterhitze aufheizen. Das Ei mit Wasser verquirlen und die Teiglinge damit bepinseln. Die Zimtknoten im Backofen in etwa 15 Minuten goldbraun backen.

TIPP

Entweder warm mit Zuckerglasur bestreichen oder etwas abgekühlt mit Puderzucker genießen.

GASTROBACK
KITCHEN SOAP

Den Tag „einrichten“

Über den Tag verteilt gibt es ein paar äußere Anforderungen, die immer wiederkehren und die du dir mit einer gewissen Routine erleichtern kannst. Ich begleite dich hier an meinem persönlichen Beispiel durch den Tag, um dir ein paar solcher Rituale zu demonstrieren.

Morgens

Während der Schulzeit sind die Wochentags-Morgen zugegebenermaßen nicht meine Lieblingszeit. Im Grunde meines Wesens bin ich nämlich eher Typ Nachteule. Der Alltag hat mich jedoch ein wenig in Richtung Frühaufsteherin bekehrt. Aber eigentlich werde ich wohl nie so richtig zum Morgenmenschen werden. Damit es also morgens nicht zu stressig wird, habe ich bestimmte Strukturen geschaffen. Zum Beispiel, so einiges bereits am Vorabend zu erledigen. Merke: Der Vorabend ist dein bester Freund. Zu unserer Abendroutine zählt daher die Vorbereitung der Kleidung, Schulsachen, Sportsachen etc. für den nächsten Tag. Auch den Frühstückstisch vor dem Schlafengehen zu decken, kann Zeit sparen. Hier können die Kinder bereits wunderbar mithelfen. Mein persönlicher Gamechanger ist, abends zu duschen statt morgens. Das ist natürlich Geschmacksache, aber ich finde es extrem angenehm, am Abend den Tag „runterzuwaschen“ und morgens etwas mehr Zeit zu gewinnen.

Wenn es um die Organisation solcher täglichen Routinen und Abläufe geht, kann es sehr hilfreich sein, Bereiche und „Stationen“ zu definieren. Unsere Frühstücks- bzw. Müslistation zum Beispiel wird täglich genutzt. Statt einzeln Schüsseln, Müsli und Nüsse aus den Schränken zu holen, haben wir kurzerhand alles, was jeden Morgen benötigt wird, auf einen Servierwagen gepackt. Gamechanger! Da unsere Kinder bereits größer sind – spätestens aber seit dem Kindergartenalter –, helfen sie beim Vorbereiten ihrer Schuljause, ihrer Brotzeit, mit. Inzwischen machen sie das schon ganz alleine, denn sie wissen genau, wo die Boxen „wohnen“, wo sie Snacks finden und dass benutzte Brettchen, Messer usw. in die Spülmaschine wandern. Mein Part dabei ist vor allem, dafür zu sorgen, dass ausreichend „Füllmaterial“ für die Brotboxen vorhanden ist. Energy Balls, Müsliriegel, Obst, selbst gemachte Müslimuffins, Nüsse und dergleichen haben wir immer vorrätig.

Tagsüber

Auch für einen stressfreien Tagesablauf ist es extrem förderlich, wenn im Interieur Grundordnung und Systeme eingerichtet sind. So ist es zum Beispiel hilfreich, einen Platz für die Schultaschen zu definieren, wenn die Kinder nach Hause kommen. Ansonsten werden die Ranzen mit Sicherheit irgendwo auf halbem Weg fallen gelassen. Das kommt dir vielleicht bekannt vor, oder? Wenn Schultasche, Mütze & Co. dagegen ihr eigenes Zuhause haben, dann hilft das auch den Kindern, Ordnung zu halten. Gleiches gilt für die Post, den Wohnungsschlüssel, die Handtasche etc. Gib den Dingen ein Zuhause und kommuniziere das an die restlichen Familienmitglieder.

Abends

Beim Abendessen oder beim Zubettgehen ist für uns die beste Zeit, mit den Kindern über ihren Tag zu sprechen. Ich muss wirklich sagen, dieses kleine Ritual ist eine echte Bereicherung für unser Familienleben. Seit wir es eingeführt haben, erzählen wir uns nicht nur alle bewusster von unserem Tag, sondern denken auch aktiver darüber nach, was alles passiert ist. Gerade die Kinder können so noch mal ganz bewusst den Tag Revue passieren lassen und werden außerdem selbst auf Dinge aufmerksam, die super gelaufen sind oder die nicht so ideal waren. In gewisser Weise hilft es uns allen, ein wenig runterzukommen, und besonders an sehr intensiven Tagen tut so ein Abendritual gut.

Strukturen, Routinen und Rituale schaffen einen Rahmen für den Alltag. Mit ihrer Hilfe gelingt es leichter, vom ständigen Ordnungmachen zum Ordnunghalten und Wohlfühlwohnen zu kommen.

Frühstücksmuffins

Das Kindergarten- und Schul-Pausenbrot sollte abwechslungsreich, ausgewogen, gesund und vor allem schnell gemacht sein. Ein einfaches Rezept, das auch unsere Kinder für sehr gut befunden haben: Müslimuffins. Das kleine To-go-Frühstück. Sie sind perfekt am Vorabend vorzubereiten und lassen sich leicht einfrieren. Somit hast du jederzeit leckeren und dabei noch wertvollen Inhalt für die Brotbox oder das Frühstück parat. Die Müslimuffins kannst du sehr gut ein paar Tage im Kühlschrank aufbewahren, ich mache gerne gleich die doppelte Menge und friere den Großteil ein. Bei Bedarf dann einfach am Vorabend aus dem Gefrierschrank nehmen. Tipp: einfach dem Teig ein paar Rosinen, Cranberrys oder klein geschnittene Apfelstückchen beimengen. So kannst du immer wieder für etwas Abwechslung sorgen.

Zutaten

200 g Haferflocken
1 TL Backpulver
1 Prise Salz
½ TL Zimtpulver
2 EL geschmolzene, abgekühlte Butter
1 Ei
450 ml Milch
5 EL Ahornsirup

Zubereitung

1. Den Backofen auf 190 °C vorheizen.

2. Haferflocken, Backpulver, Salz, Zimt und Butter in einer Schüssel miteinander vermengen. In einer weiteren Schüssel das Ei mit der Milch und dem Ahornsirup gut verrühren.

3. Die Ei-Milch-Mischung mit der Haferflockenmasse zu einem Teig verrühren.

4. Je 1 gut gehäuften EL des Teigs in Muffinförmchen verteilen. Die Muffins im vorgeheizten Backofen etwa 20–25 Minuten backen.

Meine Lieblingsbrötchen

Der Sonntag steht bei uns ganz im Zeichen des Frühstücks. Hauptsache gemütlich, langsam und entspannt. Da hat definitiv keiner Lust, zum Bäcker zu starten und frische Brötchen zu kaufen. Stattdessen backe ich meine Lieblingsbrötchen selbst, und während sie im Ofen sind, ist der Frühstückstisch gedeckt. Dieses Rezept ist einer der meistgelesenen Beiträge auf meinem Blog und zählt auch bei uns daheim wirklich zu unseren Lieblingen.

Zutaten

½ TL Zucker
1 Pck. Trockenhefe
500 g Mehl (Weizen- oder Dinkelmehl), plus mehr zum Arbeiten
2 TL Salz

Außerdem

Baguetteblech (sehr zu empfehlen; siehe Tipp oben)

Zubereitung

1. 320 ml lauwarmes Wasser in einer kleinen Schüssel bereitstellen und den Zucker einrühren. Die Trockenhefe daraufstreuen und kurz arbeiten lassen. Dann das Mehl mit dem Salz mischen. Die Mischung zu dem Hefewasser geben und alles mit der Küchenmaschine (alternativ mit der Hand oder dem Handmixer, das klappt genauso gut) in etwa 5 Minuten zu einem Teig verkneten.
2. Den Teig auf einer bemehlten Arbeitsfläche zu einer Rolle formen und in acht (für größere Brötchen) bis zehn Stücke (für kleinere Brötchen) teilen. Die einzelnen Stücke zu länglichen Brötchen formen und auf das Baguetteblech (oder ein normales Backblech) legen.
3. Die Brötchen längsseits leicht einschneiden und zugedeckt 20 Minuten gehen lassen. Währenddessen den Backofen auf 200 °C Umluft vorheizen und eine mit heißem Wasser gefüllte ofenfeste Form auf den Ofenboden stellen. Der Wasserdampf sorgt später beim Backen dafür, dass die Kruste schön knusprig und die Brötchen innen luftig werden (das klappt übrigens auch wunderbar bei Baguettes und anderen Broten!).
4. Die Teiglinge noch mit Wasser besprühen und etwa 25 Minuten im Ofen backen.

TIPP

Wenn du öfter Brot bzw. Brötchen backst: Für Baguettes und ebenfalls für diese Lieblingsbrötchen lohnt sich die Anschaffung eines Baguetteblechs. Es sorgt für mehr Formstabilität und meiner Meinung nach außerdem für die knusprigste Kruste – die Löcher und die vorgegebene Form machen es für mich perfekt! Natürlich kannst du die Brötchen genauso gut auf einem gewöhnlichen Backblech backen. In diesem Fall würde ich aber die Teiglinge vor dem Backen unbedingt noch mal mit Wasser besprühen, damit sie schön knusprig werden.

Das lauwarme Wasser mit dem Zucker mischen.

Hefe einstreuen und kurz arbeiten lassen.

Wenn die Hefe leichte Bläschen wirft, ist sie bereit.

Mehl mit der Hefemischung vermengen.

Den etwas klebrigen Teig auf eine bemehlte Fläche geben.

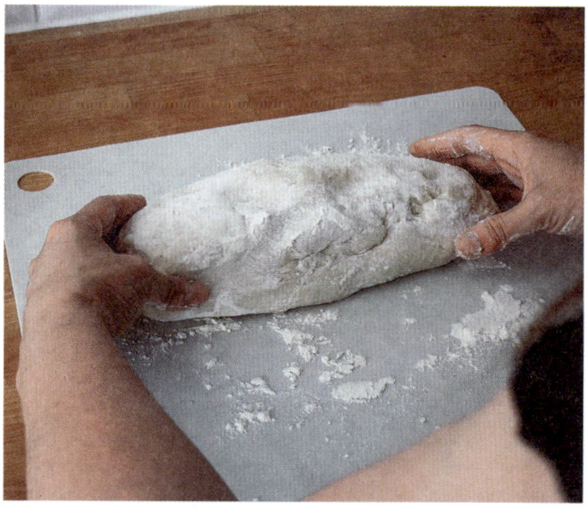

Mit etwas Mehl in Form bringen.

Teig zu einer Rolle formen.

In acht bis zehn Stücke teilen.

Teiglinge zu ovalen Brötchen formen und längs einschneiden.

Teiglinge zugedeckt 20 Minuten rasten lassen.

Ofenfeste Form mit warmem Wasser auf den Boden stellen.

Brötchen bei 200 °C Umluft ca. 25 Minuten backen.

5 Organisationstipps für den Familienalltag

1 Schreib es auf!

Ja, ich weiß, wir leben in einer sehr digitalen Zeit. Trotzdem bin ich persönlich ein riesiger Fan von Papier, wenn es um meine To-dos und Planungen geht. Was ich mit der Hand aufschreibe, geht direkt in das Gehirn bzw. schreibe ich mir erst mal aus dem Kopf. Ich liebe also meine Listen und Notizbücher. Aber natürlich geht alles genauso ohne Papier. Die Notizen-App auf meinem Smartphone zum Beispiel ist auch für mich ein hilfreicher Begleiter, wenn ich unterwegs wichtige Gedanken festhalten möchte. Also egal, ob nun digital oder analog: Wichtige Dinge, Ziele, Pläne aufzuschreiben, hat den Vorteil, dass sie schon mal „wo stehen“. Selbst wenn es banal klingt – das ist wirklich der erste Schritt zu mehr Organisation. Wenn du viel im Kopf hast, hat dein Gehirn es schwer, Prioritäten zu setzen. Die vielen To-dos wirbeln durcheinander und die Konsequenz ist, dass dir alles „über den Kopf wächst“. Mein Tipp für den Anfang: Schreibe die drei allerwichtigsten, dringendsten To-dos auf. Nur diese drei. Versuche wirklich, deinen Fokus auf diese drei Dinge zu richten. Dann kommen die nächsten drei. „Think in bites! One bite at a time.“ Immer häppchenweise denken, das hilft!

2 Plane deine Woche!

Mein analoger Kalender ist mein bester Freund. Ohne ihn wäre ich etwas verloren. Ich arbeite unheimlich viel digital und somit ist mein Papierkalender für mich immer wie ein kleiner Urlaub für die Augen, ein Digital Detox und ein bewusster Ruhemoment, den ich mir für die Planung der Woche/der Monate/des Jahres nehme. Aber auch hier gilt: Alle, die lieber digital planen, können das selbstverständlich tun – Hauptsache, es wird geplant.

3

Nutze einen Haushaltsplan/ einen Putzplan!

Ich kann es gar nicht oft genug sagen: Mit einem Wochenplan für den Haushalt fällt das Putzen und Ordnunghalten wirklich leichter. In Kapitel 7 („Der Haushaltsplan“, siehe Seite 56) habe ich bereits erklärt, wie wir unseren Wochenplan nutzen, und auf meinem Blog findest du auch eine Gratis-Druckvorlage zum Herunterladen. Einfach in die Suche „Haushaltsplan“ eingeben!

4

Befreie den Morgen!

Okay, seien wir mal ehrlich: Spätestens mit Schulkindern wird der Morgen zum Überlebenskampf. Kennen alle Eltern, oder? Stress, Ärger und blanke Nerven sammeln sich zu einem Konglomerat an „Morgen-bäh-Stimmung“. Wenn der Tag schon so anfängt, fällt es umso schwerer, ihn gut geregelt zu bekommen. Daher ist es gerade für den Morgen wichtig, gewisse strukturgebende Gewohnheiten zu etablieren. Kleine Schritte mit großer Wirkung dazu habe ich dir bereits am Anfang des Kapitels vorgestellt („Morgens“, siehe Seite 115), zum Beispiel Kleidung am Vorabend vorbereiten, abends duschen gehen usw. Mache sie zu deiner Routine!

5

Kaufe mit System ein!

Es ist eigentlich ganz einfach und logisch: Viele einzelne Lebensmitteleinkäufe kosten mehr Zeit – und auch Geld, wenn man gezwungen ist, sie beim teuren Händler um die Ecke zu tätigen, weil man ständig etwas vergessen hat. Besser ist ein gut geplanter Wocheneinkauf. Dabei auch an die Vorräte denken! Sind die richtig sortiert, spart man ebenso Zeit und Geld. Denn wer seine Vorräte im Überblick hat, kauft weniger doppelt und wirft weniger Lebensmittel weg.

Alles in Ordnung, Kinder?

Wer alle Aufgaben alleine erledigt, ist ständig überlastet. Das ist kein guter Plan. Wir sind zu Hause schließlich nicht nur eine Familie, sondern auch ein Team. Mir ist es daher wichtig, unsere Kinder aktiv in die anstehenden Aufgaben einzubinden und sie zum Mithelfen anzuregen. Dieses Mithelfen passiert erfahrungsgemäß aber nicht durch reines Einfordern, eher durch Vorleben und Vorzeigen. Außerdem ist es notwendig, dass Kinder verstehen, warum sie gewisse Arbeiten erledigen sollen. Selbst Schulkinder können dann definitiv schon Aufgaben zu Hause übernehmen. Sehr hilfreich finde ich dabei, diese zu visualisieren: Eine Aufgaben-Checkliste hilft Kindern, ihre Routinen einzuhalten und den Team-Gedanken mitzutragen. Ein weiterer Teil meiner Aufgabe als Mutter ist, unseren Kindern Werte und Verantwortungssinn mitzugeben. Und dazu finde ich es immer schon wichtig, dass unsere Töchter auch einen gewissen Sinn für „Hausverstand" vermittelt bekommen.

6 Gründe, warum Kinder zu Hause mithelfen sollen

Es gibt also viele Gründe, Kinder in das Thema Ordnung einzubinden, ich stelle dir die sechs für mich wichtigsten vor, siehe Seite 132/133.

Welche Aufgabe ab welchem Alter?

Welche Aufgaben können Kinder in welchem Alter eigentlich schon übernehmen? Was kann man ihnen schon zutrauen? Die Antwort auf diese Fragen ist sehr individuell, finde ich. Ich bin weder Pädagogin noch Erziehungsexpertin und spreche daher hier natürlich nur aus meiner persönlichen Erfahrung als Mutter. Demnach kann ich ein paar Tipps geben, die wir so in unserer Familie für sinnvoll befunden haben. Das sind natürlich nur Beispiele und es bedeutet nicht, dass ein Kind unzählige Aufgaben erledigen soll, nur weil es dies schon kann. Vielmehr ist diese Aufzählung dazu da, um dir Beispiele zu geben, was ab welchem Alter nach meiner Erfahrung möglich ist.

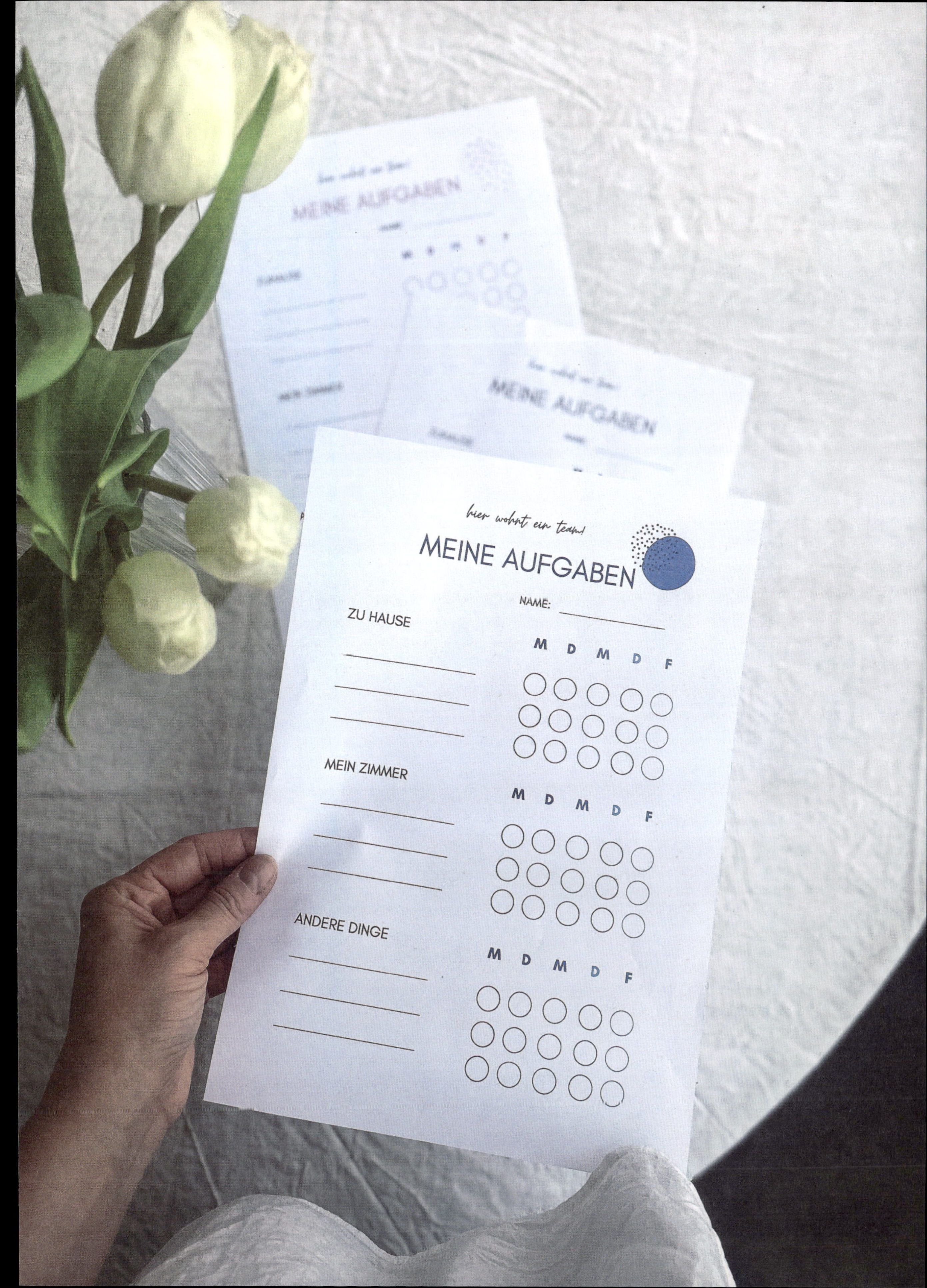
hier wohnt ein team!
MEINE AUFGABEN
NAME:
ZU HAUSE
M D M D F
MEIN ZIMMER
M D M D F
ANDERE DINGE
M D M D F

Hier also eine Auswahl an Aufgaben, die unsere Kinder schon mit erledigen durften.

2–3 Jahre
- ➜ Spielerisch mithelfen beim Kochen und Backen
- ➜ Socken nach Farben sortieren
- ➜ Mit dem Kinderbesen fegen
- ➜ Und Ähnliches

4–5 Jahre
- ➜ Bettmachen üben mit Mama oder Papa (oder älteren Geschwistern)
- ➜ Kleine, einfache Snacks zubereiten
- ➜ Tisch decken und abräumen helfen
- ➜ Und Ähnliches

6–7 Jahre
- ➜ Spülmaschine ausräumen
- ➜ Staub wischen
- ➜ Eigene Wäsche wegräumen
- ➜ Tisch decken/abräumen
- ➜ Mithelfen beim Ausmisten
- ➜ Brotbox für die Schule packen
- ➜ Und Ähnliches

8–12 Jahre
- ➜ Frühstück, Snacks, einfache Mahlzeiten zubereiten
- ➜ Boden wischen
- ➜ Socken sortieren
- ➜ Spülmaschine einräumen
- ➜ Kleinigkeiten backen
- ➜ Bei der Wäsche mithelfen
- ➜ Toilette putzen
- ➜ Und Ähnliches

1 Verantwortungsbewusstsein trainieren

Wenn Kinder schon früh altersgerechte, eigene Aufgaben im Familienalltag übernehmen, stärkt das auch ihr Verantwortungsgefühl. Ich finde es wichtig, Kindern angemessene Aufgaben zuzutrauen und so ein gewisses Maß an Eigenverantwortung zu trainieren.

2 Team- und Wir-Gefühl vermitteln

Unsere Kinder sollen vor allem deshalb zu Hause mithelfen, weil sie Teil unserer Familie sind und jeder hier seinen Beitrag leisten darf, um unseren Familienalltag gemeinsam zu bestreiten. Schon die Kleinsten können gut verstehen, dass zusammen helfen für alle Sinn macht und dass man miteinander schneller mit der Arbeit fertig ist als alleine. Im Kindergarten werden gemeinsam Aufräumlieder geträllert und jeder weiß, es ist Zeit, die Spielsachen an ihren Platz zurückzuräumen. In den eigenen vier Wänden ist das im Grunde nicht anders, denn auch hier gibt es, wie im Kindergarten, ein Kollektiv, das zusammen mehr schafft als alleine. Älteren Kindern kann man dieses Thema natürlich noch rationaler erklären und dabei gleich bildlich darstellen. Wenn du schon ein Pre-Teen- oder Teeniekind daheim hast, wird dir vielleicht die Proportionalität aus dem Mathematikunterricht vertraut sein. Dauerhafte Ordnung zu Hause ist ein klarer Fall von indirekter Proportionalität, nicht wahr? Also: Helfen mehr Familienmitglieder bei den Aufgaben mit, werden die Aufgaben in kürzerer Zeit fertig. Mathe-Praxisübung und Ordnung kombiniert!

3 Selbstbewusstsein stärken

Kinder sind stolz auf das, was sie geleistet haben. Wenn es zusätzlich dann auch noch für die Gemeinschaft positiv ist, stärkt das das Selbstbewusstsein nachhaltig.

4 Lernen

Lerneffekte gibt es definitiv viele, wenn Kinder zu Hause mithelfen und eigene Aufgaben übernehmen. Wir haben beispielsweise erst gemeinsam mit ihnen geübt, die Betten zu beziehen, nach einer Weile konnten sie es alleine. Anderes Beispiel: Wie räume ich die Spülmaschine am besten ein und aus? Durch Vorzeigen und Nachmachen entsteht nachhaltiges Wissen – das, was meine Mama immer so treffend als „Hausverstand" bezeichnet hat. Ich finde es gut, den Kindern ganz viel zu zeigen und sie mitmachen zu lassen. Denn wenn ich ihnen immer alles abnehme, können sie nur schwer selbst ein Gefühl für die praktischen Dinge des Lebens entwickeln.

5 Selbstwirksamkeit fördern

Wenn Kinder mithelfen, erfahren sie auch, dass sie einen wertvollen Beitrag zur Gemeinschaft leisten, und das stärkt wiederum die Selbstwirksamkeit. Extrem wichtig, wie ich meine.

6 Selbstständigkeit entwickeln

Uns als Eltern ist es sehr wichtig, dass wir unsere Kinder in ihrer Selbstständigkeit bestärken. Wir wollen ihnen nicht alles abnehmen, sondern sie ermutigen, die Dinge selbst in die Hand zu nehmen – und damit zu lernen, zu machen und zu können.

Was du aus diesem Buch mitnehmen möchtest, ist ganz dir überlassen. Meine Impulse sollen dir dabei helfen, ins Tun zu kommen, wenn du dir mehr Ordnung, Routine und Struktur für dein Zuhause wünschst. Denk daran: Dabei kann schon die kleinste Veränderung den Grundstein für ein neues Wohngefühl legen. Neue (Ordnungs-)Routinen brauchen Zeit, um sich zu festigen.

„Ein entspanntes Zuhause ist nicht deshalb ein Wohlfühlort, weil wir es mit irgendwelchen Dingen füllen. Zum Heim werden unsere vier Wände dann, wenn sie den Rahmen schaffen für unser tägliches Leben, wenn sie den Raum geben, unsere persönlichen Vorstellungen vom Wohnen, Leben und Arbeiten bestmöglich vereinbaren zu können."

Danke

Zum Abschluss kommen wir zu meinem Lieblingsteil dieses Buches. Denn es wäre wohl kaum fertig geworden, wären da nicht viele Menschen, die mich dabei unterstützt haben. Zunächst möchte ich meinem besten Freund und Partner, meinem Mann Thomas, danken. Du bist mein größter Ruhepol, du erdest mich und gibst mir immer Rückendeckung. Du hast immer an mich geglaubt und mich bei der Entscheidung, mich selbstständig zu machen, unterstützt. Wie oft sprechen wir davon, dass wir beide so viel „auf dem Tablett" haben, wie du immer sagst. Dass wir all das tagtäglich gemeinsam als Team meistern, dafür liebe ich dich. Ich danke dir für die „kinderfreien" Tage, an denen ich mich voll und ganz den Fotoshootings für dieses Buch widmen konnte. Wenn mich Selbstzweifel und Nervosität packten, hast du mich mit deinen wundervollen Gedichten, deiner ruhigen Art und deinem Zuspruch bestärkt. Du bist außerdem der beste, geduldigste private Korrekturleser, den sich eine Autorin wünschen kann. Unendlich dankbar bin ich auch für euch beide, Emma und Frieda, meine zwei Mäuse. Ihr habt mich immer unterstützt und so viel Verständnis für die zahlreichen langen Mama-Arbeitstage gehabt, an denen ich bis spätnachts vor dem Bildschirm saß und tippte. Ich bin so stolz auf euch und ihr seid zu ganz wundervollen, einzigartigen und kreativen Mädchen mit starken Persönlichkeiten geworden.

Ein großer Dank gilt auch meinen Eltern, Josefa und Matthäus, die mir so vieles mitgegeben haben, das ich heute an meine Töchter weitergeben darf. Mama, du hast stets meinen Hausverstand gelobt, deinen Sinn fürs Praktische, Handwerkliche und fürs Kochen habe ich von dir. Ich glaube, du bist in vielerlei Hinsicht eine der stärksten Frauen, die ich kenne. Papa, wir sind uns in vielen Bereichen sehr ähnlich und ich liebe es, mit wie viel Humor du selbst gegen die schwierigsten Herausforderungen in deinem Leben angetreten bist. Danke auch an meine Geschwister, Christina und Alexander. Ihr habt mich als „die Großen" immer begleitet und wart mir auf jeden Fall ein Vorbild. Alex, als mein großer Bruder hast du mir viel beigebracht und meine Zielstrebigkeit habe ich mir bestimmt von dir abgeschaut. Tina, du bist viel mehr als meine Schwester, das weißt du. Du bist meine beste Freundin, stilles-bunt-Fan der ersten Stunde und immer für mich da. Dir kann ich alles anvertrauen und ohne dich hätte ich viele Schritte in meinem Leben nicht gewagt. Ich kann nicht in Worte fassen, was mir das bedeutet. Du bist außerdem einer der lustigsten Menschen und eine der wenigen Personen, die meinen verrückten Sinn für Humor teilt.

Daniela, meine „Partnerin in Crime": Du bist im Laufe der Jahre von einer Blogger-Kollegin zur Geschäftspartnerin und wirklichen Freundin geworden. Es war wohl Fügung, dass wir uns schließlich online „gefunden haben", obwohl wir doch nur wenige Kilometer voneinander aufgewachsen sind. Tatsächlich hatte ich nie gedacht, dass das, was als Hobby-Blog begann, einmal solche wunderbaren Verbindungen schaffen kann. Daher gilt ein großer Dank auch meinen Lesern auf stillesbunt.at. Ohne euch gäbe es meinen Blog heute nicht.

Von Herzen Danke sagen möchte ich zudem euch: Katja, Miriam, Claudia und dem kompletten Team von Geliebtes Zuhause für die wundervolle Zusammenarbeit und die tollen Projekte der letzten Jahre. Ein herzliches Dankeschön auch an dich, liebe Camilla von Humdakin, für deine Unterstützung.

Impressum

Produktmanagement: Svenja Wiglinghaus
Lektorat: Constanze Lüdicke
Korrektorat: Judith Bingel
Umschlaggestaltung: Kaj Ritter
Layout: Elke Mader
Repro: LUDWIG:media
Herstellung: Julia Hegele
Printed in Türkiye by Elma Basim

★★★★★

Sind Sie mit diesem Titel zufrieden? Dann würden wir uns über Ihre Weiterempfehlung freuen. Erzählen Sie es im Freundeskreis, berichten Sie Ihrem Buchhändler oder bewerten Sie bei Onlinekauf. Und wenn Sie Kritik, Korrekturen, Aktualisierungen haben, freuen wir uns über Ihre Nachricht an:
Christian Verlag, Postfach 40 02 09, 80702 München oder per E-Mail an lektorat@verlagshaus.de.

Unser komplettes Programm finden Sie unter

www.christophorus-verlag.de

In diesem Buch wird aus Gründen der besseren Lesbarkeit das generische Maskulinum verwendet. Weibliche und anderweitige Geschlechteridentitäten werden dabei ausdrücklich mitgemeint, soweit es für die Aussage erforderlich ist.

Herstellerverzeichnis
Deko-Objekte, Möbel, Geschirr, Ordnungsboxen: Geliebtes Zuhause, www.geliebtes-zuhause.de
Mode und Accessoires: privat
Reinigungsmittel: Humdakin, www.humdakin.com

Die Deutsche Nationalbibliothek verzeichnet diese Publikation in der Deutschen Nationalbibliografie; detaillierte bibliografische Daten sind im Internet über https://www.dnb.de/ abrufbar.

2. Auflage 2023

Infanteriestraße 11a
80797 München

ISBN 978-3-8388-3856-4

Kreativ-Service

Sie haben Fragen zu unseren Büchern und Materialien? Wir beraten Sie gern rund um alle Kreativthemen.
Rufen Sie uns einfach an. Wir interessieren uns auch für Ihre eigenen Ideen und Anregungen.
Sie erreichen uns per E-Mail kreativ-service@c-verlag.de oder unter der Telefonnummer 0049-89-1306 99 577.

Besuchen Sie uns im Internet: www.christophorus-verlag.de & www.selbstgemacht.de

Noch mehr Ordnung-Tipps findest du auf meinem Blog stillesbunt.at. Exklusiv für dich als Leser:in, gibt es einige VIP-Goodies und Checklisten, wenn du diesen QR-Code scannst.